吉本興業と韓流エンターテイメント

奇想天外、狂喜乱舞の戦前芸能絵巻

高祐二《Ko Ui》

花伝社

吉本興業と韓流エンターテイメント——奇想天外、狂喜乱舞の戦前芸能絵巻◆目次

前説 5

第1章 コリアン・ミュージック、ムービーの誕生 9

1 アリランの歌 9

2 映画「アリラン」と「金色夜叉」 17

第2章 吉本興業と日本在留コリアン 33

1 玄海灘を渡ってきた異邦人 33

2 吉本興業繁盛記 38

第3章 吉本の舞台に立ったコリアン・エンターテナーたち 47

1 裵亀子登場 47

2 オーケー楽劇団参上 59

第4章　朝鮮楽劇団の快進撃　65
1　朝鮮楽劇団、吉本を席巻　65
2　吉本興業、大陸進出　74
3　朝鮮楽劇団の進むべき道　80
第5章　朝鮮楽劇団と松竹興行　89
1　個性あふれる朝鮮楽劇団の面々　89
2　朝鮮楽劇団、松竹の舞台に立つ　100
3　朝鮮楽劇団、最後の日本公演　114
4　朝鮮楽劇団と服部良一の交流　131
第6章　さらば、朝鮮楽劇団　141
1　戦争と楽劇団　141

2　朝鮮楽劇団の最後　148

第7章　**韓流エンターテイメントの血脈**　155

1　戦後復興の礎とコリアンの活躍　155

2　南北分断とコリアン文化　158

終　幕　163

参考文献　167

カバー写真　「大韓民国歴史博物館所蔵資料集2　トランペット演奏者　玄景燮」（2014年）より

前説

二〇一七年放送のＮＨＫ朝の連続ドラマ「わろてんか」は、松竹芸能と並んで大阪で笑いの礎を築いた吉本興業の創始者、吉本せいをモデルとして製作されている。吉本興業は二〇一七年で創業一〇五年を迎え、その歴史の集大成である『吉本興業百五年史』も刊行された。

吉本興業の誕生と同じ頃、日本による朝鮮植民地支配が開始された。日本は一九一〇年に大韓帝国を併合し朝鮮半島を統治下に置くと、政治・経済のみならず、文化をも支配体制下に組み込み、「日本的」な風俗・習慣を朝鮮のそれよりも「優位」であると位置づけた。朝鮮の文化は日本の文化よりも「劣った」ものと見なされ、朝鮮人の文化を抹殺する施策を強いていった。

日本には日本独自の文化があり、朝鮮にも朝鮮にしかない文化が連綿と築かれてきた。朝鮮の文化には、庶民が日常的に歌や踊りを体現する要素が満ちていた。あくまでも比較であるが、朝鮮人は日本人よりも喜怒哀楽を前面に出し、その表現の仕方も直接的な傾向がある。そのためか、日常的に自らの心情を詩や歌に託し、それを率直に表現する生き方を歩んできたといえる。

農作業においても、歌を歌うことで共同作業における一体感を強め、また、労働に疲れたなら、輪になって踊ることで肩や腰、足をほぐし、再び生産の現場に戻る営みを伝承してきた。それが朝鮮半島における伝統文化につながり、民衆の暮らしと密接な関係を築いてきた。

そうした日々の生活にかかわりが深い文化は、日本の統治下において、「後進的」な「遺物」として蔑まれる対象と捉えられるようになった。それはあくまでも「日本人」による「日本の文化」を尺度とした判断基準であったが、当時の状況ではそれが絶対的なものとして君臨した。すなわち、天皇を頂点とする日本の国家体制に朝鮮人を組み込む過程で朝鮮の文化は否定され、朝鮮人は「日本人としての」文化・習慣を受容することこそが、真の価値ある生き方であると規定されたのである。

こうした「日本文化絶対」という価値観の押し付けにより、朝鮮の文化は「低俗」なものとして落としめられ、以降まともな評価がなされることはなかった。

しかし、日本人にあっても朝鮮文化を前向きに捉え、その秘められた魅力に光をあて、広く世に知らしめた人物もいた。民藝運動を提唱し、名もなき朝鮮人陶工の手による陶磁器に美しさを見出した柳宗悦は、その代表といえる。

柳は格調高い美意識で朝鮮の文化を定式化したが、それとは違い、朝鮮文化の神髄ともいうべき歌と踊りに魅力を感じ、それを発掘、世に出した人物がいた。吉本興業創業者・吉本せいの弟であり、後に吉本の社長となる林正之助と林弘高である。

彼らは「お笑い」という庶民の文化・芸能を、大阪だけでなく日本全国に広め、関東大震災、不況、戦争と暗雲の立ち込める戦前の世相に、笑いの文化を定着させた。彼ら兄弟は大阪の芸能プロダクション社長という肩書きだけでなく、文化人であり、ベンチャー企業家であり、敏腕のプロデューサーであった。このプロデューサーにかかれば、埋もれていた笑いの才能は発掘され、舞台の花形として見事に開花した。彼らにとっては笑いを取ること、すなわち「ウケる」ことが全てであり、そのためであれば手段・対象は選ばなかった。

その笑いのキング・メーカーのお眼鏡にかなったのが、当時の朝鮮人アーティスト、平たく言えば、歌手や踊り子たちであった。吉本興業の林兄弟にとって、「笑い」こそが絶対的な価値観であり、それを満たす芸人の出自や民族は問題外であった。むしろ、出自や民族を売りにしてウケを狙うというしたたかな戦略で、芸能世界を勝ち抜いてきたのである。

吉本の舞台には、一九二〇年代から朝鮮半島出身の芸能人が登壇し、歌や踊りを披露した。それまでの芸能事務所社長では考えられない発想であり、それゆえ伝統芸能という殻を破り、関西の地に「吉本王国」を樹立できたのである。

吉本興業は、寄席や漫才という既存の笑いの世界に革命をもたらしたが、それには朝鮮人による文芸面での企画が大きな支えとなった。吉本興業に朝鮮の歌と踊りを売り込んだのが、辣腕プロデューサーの李哲《イチョル》であり、彼が世に送り出した「朝鮮楽劇団」こそが、日本各地で最初に韓流カルチャーの渦を巻き起こした存在であった。

林兄弟と李哲、この面々が織りなす「ショウ・ビジネス」という新たな分野の開拓によって、日本の朝鮮植民地支配という暗い現実に、歌と踊りという「喜び」がもたらされた。この喜びが、日本に居住する朝鮮人をはじめ、多くの人々に希望を与えたのであった。「笑い」という伝統芸能に新風を吹き込んだ、日本と朝鮮の文化のケミストリーがいかなるものであったのか、その幕を開いてみよう。

第1章　コリアン・ミュージック、ムービーの誕生

1　アリランの歌

コリアン・ソウルミュージック「アリラン」

朝鮮半島は歴史的に歌で溢れる地である。人々は農作業等、日々の労働の合間に歌を歌い、合いの手を交換しあった。そうすることで互いの意思疎通を図り、労働の意欲を高めることにつながった。

また、農作業が一段落すると、太鼓や金属製の打楽器を持ち出し、一同輪になって踊りに興じた。それは豊作を願う儀式でもあり、きつい農作業の合間の息抜きとも言えたが、田植えで腰をかがめる姿勢を長く保持した結果、凝った肩や腰の筋肉を解きほぐす効能も

あったという。

そうした日々の生活の場において朝鮮半島の人々に最も愛され、誰もが歌い踊れる歌が、民謡「アリラン」である。

アリランと一口に言っても、朝鮮全土では様々なアリランが歌い継がれてきた。「本調アリラン」「キーン（長い）アリラン」「別調アリラン（恨五百年）」をはじめ、慶尚道《キョンサンド》の「密陽《ミリャン》アリラン」や「慶尚道アリラン」、全羅道《チョルラド》の「珍島《チンド》アリラン」、平安道《ピョンアンド》の「西進アリラン」、済州島《チェジュド》の「済州島アリラン」、黄海道《ファンフェド》の「海州《ヘジュ》アリラン」、咸鏡道《ハムギョンド》の「オンソンアリラン」等があり、ご当地アリランが無数に存在している。

アリランは朝鮮半島だけでなく、海外に居住するコリアンにも歌われ続け、コリアン＝アリランと呼べるほど、コリアンの民族性、アイデンティティを象徴する歌となっている。二〇一四年一二月、パリで開かれた第九回国連教育科学文化機構（ユネスコ）世界無形文化遺産委員会は、北朝鮮の伝統民謡「アリラン」が、人類無形遺産代表目録に登録されたと発表した。

その二年前の二〇一二年一二月、同じくユネスコの委員会で韓国が申請したアリランが既に登録されていたことにより、南北朝鮮のアリランが登録されたことになった。「南北のアリラン」とは言うものの、歌われているアリランは同じであり、アリランは改めて朝鮮民族全体が共有する文化遺産であることが示されたのであった。
登録されたアリランの歌詞は、「アリラン、アリラン、アラリヨ」というフレーズが前か後ろに入っているか、タイトルに〇〇アリランと入っているものが対象とされた。

恨の歌からエンターテイメントへ

朝鮮半島で伝わるアリランの旋律は約一〇〇種類あるとされ、歌詞に至っては三千を超えると思われる。メロディーやテンポの違いはあれ、歌詞の内容の多くに朝鮮半島独特の、男女の愛情に絡めた「恨《ハン》」の精神が込められている。その代表的な例が、アリランの中でも最も知られている「本調アリラン」の一番の歌詞である。

アリラン　アリラン　アラリヨ
アリラン峠を越えて行く
私と別れていく　愛しい人《ニム》は
一〇里も行かず　足が痛む

歌詞の中の「アリラン峠」が朝鮮のどこにあるのかは諸説あるが、未練が残る相手に思い焦がれ、行ってしまわぬよう相手の足が痛むことを願うという、かなわぬ恋の願いを捨てきれない心情が読み取れる。

アリランは太古の時代から歌われてきたが、それを近代に入り「新民謡」と体系立てて創作されたのが、「本調アリラン」であった。そこには、日本の植民地支配により苦難の道を歩む朝鮮人の「恨」が歌に託され、歌うことにより「恨」を紛らわせるのではなく、避けては通れない、自らに課された運命として受け入れることの自覚が感じられる。

伝統民謡であったアリランが新民謡として蘇り、人々に普遍的に歌われるようになったのが、日本の朝鮮植民地支配の時期であった。この時代、日本や世界からの外来音楽のテイストがミックスされることで、朝鮮古来の伝統音楽に新たな息吹が吹き込まれた。朝鮮における歌の世界の幅が広がるとともに、その内実も深みを増し、自らの境遇を見つめなおすエトスが付加されるようになったのである。

そしてそれは、人々が自ら日常的に歌うことだけでなく、二〇世紀に生み出された文明の利器によって広く拡散するようになる。新たな媒体であるレコードやラジオ、そしてライブ演奏を通じプロのアーティストが演じることで、朝鮮民謡の創造性に「高みを極める」という芸術目標が設定されるようになったのである。

これまで、朝鮮において人前で職業として歌や踊りを披露するのは、妓生《キーセン》の役割であった。一部の特権層だけが愉しむことを許された芸事に、大衆性と芸術性という価値を付加したのが、コマーシャリズムにのっとったアーティストによるエンターテイメントである。それは李王朝時代から日本の植民地支配にかけて急速な成長を遂げ、人々に音楽を楽しむという娯楽をもたらした。そうすることで、朝鮮人にとっての音楽はより身近な存在、さらに言えば自らの血肉となって、日々生きていく活力となったのである。

　朝鮮人にとって身近なアリランであるが、レコードに吹き込まれた音源として残る最も古い楽曲は一八九六年に制作されたもので、その音源が二〇〇七年、米国議会図書館にて発見された。その後、一九〇七年に米コロムビアレコードが、「遊山歌《ユサンカ》」「赤壁歌《チョンピョクカ》」「梁山道《ヤンサンド》」等のレコードを発売した。これが商業的に制作されたレコードの始まりとされ、朝鮮伝統の民謡が主となっている。

　一九一〇年、韓国併合により朝鮮は日本の統治下におかれ、朝鮮語によるレコード制作、音楽出版は、日本の朝鮮総督によって著しく規制されることになる。一九一五年、開城《ケソン》の私立学校「韓英《ハニョン》書院」が愛国唱歌集を発行した。収録曲には、「大韓魂」「欧州動乱」「英雄の模範」等が収録されたが、翌一六年に摘発され、押収された。出版関連者として、申永淳《シンヨンスン》、白南赫《ペクナムヒョク》、鄭士仁《チョンサイン》、李敬重《イキョンヂュン》、呉鎮世《オヂンセ》らが逮捕され、有罪判決を受けることになる。

当時、総督府は「武断統治」と称して、朝鮮人による文化・啓蒙活動を徹底的に取り締まり、それが「反日」「抗日」の内容を想起させるものであれば、販売を許可しなかった。

朝鮮におけるレコード産業黎明期

一〇〇年ほど前まで、「音楽を聴く」ということは、生演奏によるライブ鑑賞に他ならなかった。今でこそCDや携帯へのダウンロードが主流の音楽業界であるが、当時はエジソンの蓄音機がやっと普及し始めた時代で、家庭で音楽を楽しむということは贅沢の極みであった。

歌は街角で歌うことにより生業を立てる旅芸人や演歌師によって広められ、口伝や彼らから歌詞や楽譜を買うことで普及した。エジソンが蓄音機を発明し、自分の声で「メリーさんの羊」を録音したのが、一八七七年。それから瞬く間に蓄音機は世界を席巻し、音楽界に革命を起こした。

それまでの音楽は王侯貴族や金持ちがパトロンとなり、お抱え演奏家や作曲家が特権層のためだけに曲を作り、演奏を行っていた。すなわち音楽とは、選ばれた者たちだけに許された娯楽であり、社交のツールにすぎなかった。

それが、蓄音機が発明されることで音は電気信号としてレコード盤に刻まれ、それを針で振動させることで刻まれた情報を増幅させ、時空を超えて音として再生することが可能となった。それにより従来、音楽は生演奏の一回きりで聴くことが基本であったが、蓄音機でレコードを回転させることで、プロの手になる音源を茶の間で好きな時に、何回も聴くことが出来るようになった。蓄音機とレコード盤の出現で、音楽は金持ちの道楽から、大衆が耳にすることが出来る芸術・文化へと転換するという文化革命が起こったのである。

蓄音機はエジソンの発明から一〇年を経過した頃から、商品として出回った。一九世紀末にフランス製の「コック」が出現し、その約一〇年後には大音量が可能となるアメリカ製のビクター・トーキングマシン社の木製ホーン蓄音機が出回った。そして日本ではそれから一〇年もたたずして、日本蓄音器商会が「シンフォニー」を開発し、レコード盤とともに売り出した。一九二一年には新聞の広告記事に、蓄音機が年末年始の贈答品として掲載されるほど、社会に普及を見せていた。

朝鮮には「シンフォニー」を売り出した日本蓄音器商会が真っ先に上陸し、「金色夜叉」の朝鮮バージョン「長恨夢《チャンハンモン》」の主題歌、「長恨夢歌」等を売り出した。当時の日本のレコード産業は朝鮮が市場となることを見込んでいたのであり、その後、ビクター、コロムビア、ポリドールといった外資企業が日本の資本と提携し、朝鮮の音楽業界に進出することになる。

外資に負けじと、日本蓄音器商会は一九二五年、朝鮮での販売体制を本格化させ、安基《アンギ》

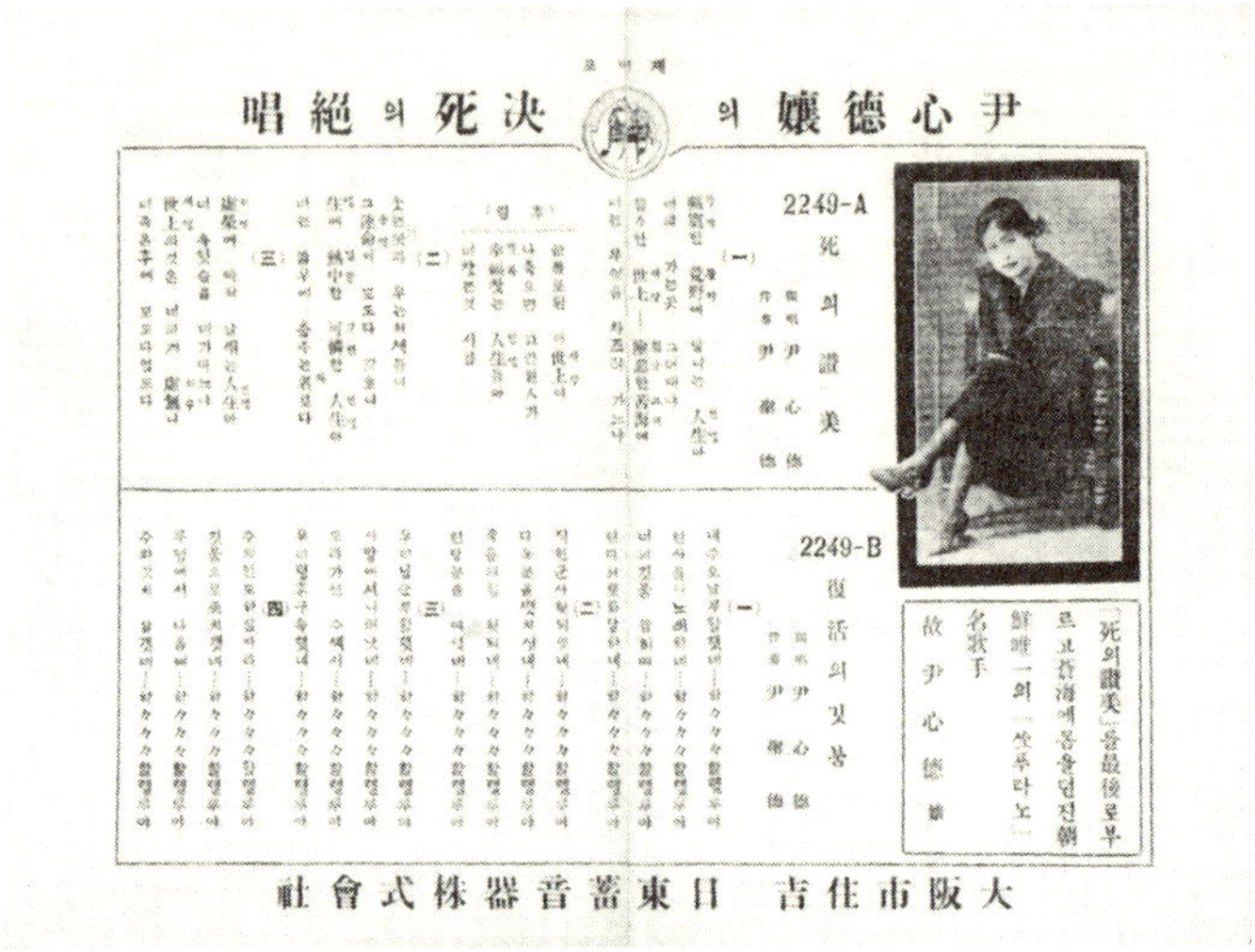

尹心徳「死の賛美」（「友情千里　2016CALENDAR」より）

永《ヨン》独唱による「故郷を離別して」「しおれた草」「籠の鳥」等の政治色の薄い楽曲をリリースした。

翌一九二六年は、朝鮮における芸能とレコード売上げという、商業音楽マーケットがクローズアップされた年であった。それは皮肉なことに、一大芸能スキャンダルによってもたらされた。

ソプラノ歌手の尹心徳《ユンシンドク》と劇作家で「朝鮮のバーナードショー」とも呼ばれた金《キム》祐鎮《ウヂン》が、関釜連絡船から玄海灘の激流に投身心中するという事件が起こった。金祐鎮は妻子ある身であり、不倫の果ての心中というスキャンダルであった。折りも折り、尹心徳は「ドナウ河の漣」のメロディーにのせて歌う「死の賛美」を、大阪の日東レコードで吹き込んだ帰りの情死事件であったことから、一層世間の衆目を集めるようになった。そのことで、遺作となる「死の讃美」が朝鮮レコード史上初のヒットを記録するという、予想もしなかった結果がもたらされたのである。

2　映画「アリラン」と「金色夜叉」

羅雲奎と尹東柱

一九二六年は、映画「アリラン」が製作された、朝鮮映画史に残る記念すべき年でもあった。

「アリラン」の主役を演じ、さらに脚本・監督まで手掛けたのが、朝鮮映画の先駆者であり、映画界に革命を起こした風雲児、羅雲奎《ナウンギュ》であった。原版の羅雲奎による「アリラン」は、日本の朝鮮植民地支配とその後の南北分断、朝鮮戦争による混乱で失われてしまったが、これまで「アリラン」は一〇本を数えるリメイク版が韓国、北朝鮮で製作されている。

羅雲奎は一九〇二年一〇月二七日、今の北朝鮮の咸境北道《ハムギョンブット》・会寧《フェリョン》で、六人兄弟の三男と

羅雲圭（映画パンフレット：「アリラン2003」上映会　在日文芸倶楽部「アリラン友の会」より）

して生まれた。一九一八年、今の中国延辺省の間島《カンド》にあった明東《ミョンドン》中学に入学した。羅は一九一九年に日本の植民地支配からの解放が朝鮮全土で叫ばれた「三・一独立運動」において、ビラ五万枚を印刷し秘密裏に配布した「図書部事件」により指名手配を受け、一九二一年に逮捕された。

羅雲奎が学んだ明東中学は、その生涯が「ドンヂュ」という題名の映画にされた尹東柱《ユンドンヂュ》の父親が教員を務めていた。羅雲奎は尹東柱より一五歳年上で、在学中は尹の父親の教鞭を受けていたと思われる。尹東柱は朝鮮独立運動に関与した嫌疑で治安維持法により逮捕され、一九四五年二月一六日、収監されていた福岡刑務所にて獄死する。朝鮮が解放される、わずか半年前であった。

尹東柱の詩はコリアンのみならず、日本人にも広く愛され、日本の各地に追悼碑が建立されている。尹東柱の美しくも儚いその詩の奥底には、日本によって植民地とされた祖国への痛切な思いが込められている。彼の詩の中でもっとも有名な「序詩」は、今も多くの人々の心をつかんで離さない。

死ぬ日まで空を仰ぎ
一点の恥辱なきことを
葉あいにそよぐ風にも
わたしは心痛んだ
星をうたう心で
生きとし生けるものをいとおしまねば
そしてわたしに与えられた道を
歩みゆかねば
今宵も星が風に吹き晒らされる

羅雲奎はその後、京城（今のソウル特別市）の延禧《ヨンヒ》専門学校文科に入学し、ここで演劇仲間の友人と出会い、映画や演劇に関心を持つようになる。尹東柱も、羅雲奎の後を追うようにして延禧専門学校文科に進学する。一五歳の年の差から、羅雲奎と尹東柱が直接学校で出会ったことはないと思われる。しかし、ともに植民地支配の時代を生き、それに抗った生涯であったことは共通している。羅雲奎と尹東柱という植民地時代に輝きを放ち、現在でも人々の胸を打つ歌と詩を世に送り出した不世出の才能が邂逅したのも、この時代の辛く苦しい境遇において、希望を見出した縁の深さと感じられる。

逮捕された羅雲奎は裁判により、治安維持法違反で懲役二年の判決を受け、清津《チョンジン》刑務所で過酷な拷問を加えられる受刑生活を余儀なくされた。この収監の経験をモチーフにして、「アリラン」は製作されたという。

羅雲奎は釈放後、尹白南《ユンペクナム》監督が一九二五年に製作した「雲英伝《ウンヨンヂョン》」でエキストラとして俳優デビューする。同年、李慶孫《イギョンソン》監督の「沈清伝《シムチョンヂョン》」で盲目の父親役を演じ、その卓越した演技で注目された。しかし、同監督作品の「長恨夢」への出演はかなわず、監督としての道を歩むことになる。

金色夜叉と長恨夢

羅雲奎がオーデションで落とされ、それがきっかけで監督として大成することになった

「長恨夢」。その映画劇は、「貫一・お宮」でお馴染みの「金色夜叉」の朝鮮バージョンに
他ならなかった。
「金色夜叉」が読売新聞の連載として登場したのが一八九七年のことで、朝鮮に上陸し
てから、「貫一・お宮」は朝鮮式に「スイル・スネ」と名を変えた。クライマックスシー
ンも、
ああ、スネ！　お前と僕がこうして共にいるのも今宵が最後だ。
来年の今月今夜、スイルがどこであの恨みの月を見上げるのか。
来年の今月今夜、一〇年後の今月今夜、ああ、僕は一生、今月今夜を忘れない。

と、原作通り演じられている。しかし、有名な熱海での別れの場面は、朝鮮バージョン
の「長恨夢」では平壌《ピョンヤン》を流れる大同江《テドンガン》の岸辺に設定されている。また、「金色夜叉」では
「貫一・お宮」は添い遂げることのないままラストを迎えるが、「長恨夢」の「スイル・ス
ネ」は和解し結婚するというハッピーエンドになっている。
これは朝鮮半島で有名な伝統劇、「春香伝《チュナンヂョン》」の身分の違いを超えて愛を貫いた「李道《イド》
令《リョン》・春香」を彷彿させる展開であり、朝鮮人にとっては、別れよりも愛が成就する方が観

客に受け入れられるという読みがあったのかもしれない。

「金色夜叉」の朝鮮バージョン「長恨夢」は、植民地時代の朝鮮人に大いに支持され、レコードで名場面が収録・販売された。また、解放後の韓国でも劇として演じられるほど、その人気は根強いものがあった。

朝鮮映画史上の金字塔「アリラン」

映画「アリラン」のあらすじは以下のとおりである。

舞台は一九一九年、朝鮮全土で日本の植民地支配からの解放を訴え、「朝鮮独立万歳」が叫ばれた三・一独立運動直後の朝鮮のある寒村。主人公ヨンジンは三・一独立運動に参加したかどで逮捕、拷問され狂人となり、故郷に戻ってくる。

田畑を売り払い、悪徳地主から借金までしてヨンジンを京城の大学に入学させたチェ爺さんの嘆きは深い。地主は借金のかたに、チェ爺さんの娘のヨンヒを息子キホに差し出せと迫る。

ヨンヒは、ヨンジンの親友で同じく京城の大学に進学したヒョングに思いを寄せている。チェ爺さんはヨンヒを守るため家を手放し、狂った息子に「自由に生きろ」と涙ながらに解き放つ。

チェ爺さんは狂人を解放したために村の駐在から呼び出しを受ける。その留守を狙って、キホがヨンヒに襲いかかる。その瞬間、ヨンジンに正気が戻り、キホを殺害する。

死刑場に連行されるヨンジンを、村人が涙ながらにアリランを歌いながら見送る。ラスト五分、人々が歌うアリランの歌声は悲しみを超え、力強く希望と喜びのアリランとして響いていく――。

羅雲奎は『朝鮮映画一号』（一九三六年一一月）誌上で、「アリランをつくるとき――朝鮮映画監督苦心談」として、製作意図を次のように語っている。

「朝鮮の映画は古典劇、伝説物、文芸作品がほとんどだった。初期は朝鮮人が朝鮮服を着て活動写真に出さえすれば、観客は満足した。しかし、グリフィスの『嵐の孤児』や『ロビンフッド』のような洋画の大作が入ってくると朝鮮映画の観客は減る一方だった。どうすれば朝鮮映画を復興できるのか、頭を悩ます日々が続いた。そんな時、誰かから私に、作品をつくってくれないかという注文があった。

眠くなったり、あくびの出ない作品をつくらなければならない。そのためには風刺とユーモアがなければならない。外国物の大作を見慣れた目に貧弱な感じを与えないようにするためには、人を大勢出演させなければならない。（エキストラに）八〇〇人（千人の予定だった）を動かす時の苦労と言ったら筆舌に尽くせない」

何しろ、朝鮮における本格的な映画作りは始まったばかりで、そのノウハウもまだ確立されていなかった。そんな中で素人を出演させて、村の中心の広場で群衆による豊作の祭りを撮影するのだから、その苦労は並大抵ではなかった。

例えば出演料代わりにドブロクを村人に振る舞ったわけであったが、そのドブロクをしこたま飲んでしまったことにより、酔いにまかせてエキストラは監督の指示通り動こうとはしなかった。「大失敗」と羅雲奎は肩を落としたが、本編が完成すると、演技ではない村人によるありのままの祭りの場が再現されており、臨場感あふれる場面が構成されていた。

こうした素人の「素」の演技が、映画「アリラン」をさらに引き立てることになる。

苦難のアリラン峠

朝鮮植民地支配に抵抗する意図が込められた映画「アリラン」が、なぜ朝鮮総督府の厳しい検閲をパスすることができたのか。「アリラン」公開直前の一九二六年八月一日から施行された総督府令第五九号「活動写真（フィルム）検閲規則」（全文一一条及び附則）の第一条は、「活動写真ノ『フィルム』ハ本令ニ依リ検閲ヲ経タルモノニ非サレハ之ヲ映写シテ多衆ノ観覧ニ供スルコトヲ得ス」と規定しており、検閲で公安・風俗・保健衛生上支障なしと認めたものに限り公開を許可し、一度許可されたものでも前記の条項に触れると判断された場合は、映写の禁止または制限ができる、としていた。

これに対し「アリラン」は、検閲申請をする際、日本人の映画会社（朝鮮キネマ）が製作し、脚本も金昌根《キムチャングン》という朝鮮名を持つ津守秀一の作品であるという替え玉を仕立てることで、検閲をパスすることができたのであった。

しかし、朝鮮人が経営する上映劇場の団成社《タンソンサ》が、映画宣伝のために用意した一万枚のビラについて、そこにある主題歌「アリラン」の歌詞が一部不穏であると押収され、宣伝担当者も警察に連行された。その歌詞というのが、

アリラン　アリラン　アラリヨ　アリラン峠を越えてゆく
門前の美田は　すべて奪われ　乞食暮らしとは　何ゆえぞ

というもので、日本の植民地支配により田畑を奪われ、貧しい生活を余儀なくされたことへの抗議の意思が込められていた。そこで、主題歌部分を削除して印刷するという条件でビラの配布が許されたが、かえって「宣伝文が検閲に引っかかったというから、これはただの映画ではないぞ」という噂が噂を呼び、前評判が高まる効果につながったのであっ

た。

一九二六年一〇月一日、映画「アリラン」が封切られ、予想通り空前の大ヒットを記録した。たまたまこの日は、朝鮮王朝の宮殿のあった景福《キョンボッ》宮《クン》の前に、一〇年の歳月と工費六七万円余をかけて建造された、朝鮮総督府の五階建て新庁舎竣工記念式典が挙行されていた。そんな喧騒をよそに、この日、団成社の周りは「アリラン」を観ようとする人々でごったがえし、混乱を制止するために騎馬巡査が出動する事態となった。劇場内は、我先にと争ってなだれ込んだ観客のために窓が壊された。

運よく入場した者も、生理現象をもよおしても動くに動けず、その場で用をたしてしまうほどの満員すし詰めであったという。

歌詞の一部が削除された「アリラン」の楽譜と歌詞　(CD「アリランの謎」27頁　KING REKORDSより)

映画「アリラン」は朝鮮各地でも上映され、京城同様、映画館に入りきれないほどの観客がつめかけ、客が上映中でも入れ代わり立ち代わりする様であった。また、観客をさばききれないために、映画の上映を半分で打ち切って、客を入れ替える映画館もあった。

アリラン、その響き

アリランという言葉の由来は、古代朝鮮半島で水を求めて河川に定住した人々が、阿利《アリ》那《ナ》(長い水の意)文化を生み、それが朝鮮民族の信仰と文化となって発展し、「アリラン」の民謡となった説や、朝鮮王朝時代末期に王宮のあった景福宮の再建工事に巡行された人々が、故郷の家族(娘)を偲んで「我離娘《アリラン》」と歌ったことから来た等の話が伝わっている。

歌は三・三・四調、三・三・五調の基本旋律で作られているが、朝鮮半島の各地域によって異なり、その土地ごとに独特のアリランがあり、バラエティに富んでいる。今でも歌い継がれている「本調アリラン」は、映画「アリラン」によって歌詞および旋律が創作されたものである。

一九二六年、映画「アリラン」が公開された当時の新聞記事には、「映画も泣いて、弁士も泣いて、観客も泣いて、劇場中が泣いた」という表現が見られるほど話題となり、ラストで観客は我を忘れて「万歳《マンセー》」と叫び、会場一体となって「アリラン」を合唱した。まさに、三・一独立運動の熱気を彷彿させる高揚感に劇場内は見舞われ、独立運動の際に逮捕された羅雲奎の面目を躍如させるほどの熱気で満ち溢れていた。

こうした朝鮮人の「アリラン」を通じた民族意識の発露に警戒を感じたのは、他ならぬ朝鮮総督府であった。総督府は三・一独立運動後、朝鮮人を「融和」させる目的で「文化統治」を行っていた建前上、上映を許可していたが、もはや朝鮮人の民族意識が「反日」に及ぶと判断し、上映禁止を命令した。

総督府の上映中止命令にもかかわらず、映画「アリラン」は二年以上にわたり朝鮮全土でロングラン興行が続けられ、一九四二年には北海道や九州の炭鉱に徴用された朝鮮人の慰安目的でも上映された。当時、映画を観た在日コリアンは、「感動した」と喜びをあらわにした。映画「アリラン」が日本でも上映されたことから、「本調アリラン」に対する認識も高まり、小林千代子がレコードに吹き込むほど日本においても流行した。

映画「アリラン」が朝鮮全土で上映されることにより、挿入歌の「アリラン」は人々に広く知られるようになり、総督府学務局から禁唱令を言い渡されたにもかかわらず、植民地下の抵抗の歌として親しまれるようになった。映画「アリラン」により、「アリラン」は朝鮮人にとってのソウルミュージックとなったが、歌詞にある「アリラン峠」は実在しない。しかし、実在しないがゆえ、日本による植民地支配やその後の南北分断という苦難の歴史を歩むコリアンにとっての「心の峠」の象徴となり、いつかは「越えねばならない峠」として心に刻み付けて、今なお歌い継がれている。

「アリラン」ヒットの翌年、羅雲奎は自身の映画製作をプロデュースする目的で羅雲奎プロダクションを設立し、一九三七年には、「アリラン」三部作において、朝鮮ではじめて録音装置を使用し、トーキー時代の幕を開いた。しかし、一九三八年八月九日、羅雲奎は結核にかかり、死去した。享年三六という若さであった。

羅雲奎が残した一八編の映画は、彼の死後三カ月後に行われた朝鮮日報《チョソンイルボ》主催の映画祭で、一般観衆によって選ばれた四五作品中、ベストテンに四作品が選ばれた。そのうち無声映画部門で一位になったのが、「アリラン」であった。

朝鮮歌謡の誕生

映画「アリラン」が公開された翌年の一九二七年からコロムビア、ビクター、ポリドール等、大手レコード会社とライセンス契約を結んだ日本のレコード各社が朝鮮盤レコード制作に本格的に進出、販売を開始した。

そのうち「落花流水《ナッカユス》」は、一九二七年、李亀永《イグヨン》監督による映画作品でもあり、一九三八年に行われた朝鮮日報映画祭で、それまでに公開された人気無声映画のうち一〇位となるほどの人気があった。

「酒は涙か溜息か」は、一九三一年に古賀政男がヒットさせた彼の代表曲で、朝鮮でも「金色夜叉」の朝鮮バージョン「長恨夢」の劇中で歌われた。

古賀は「酒は涙か溜息か」リリース前年の一九三〇年、「影を慕いて」でデビューするのであるが、「古賀メロディー」と呼ばれるワルツの三拍子の調べが朝鮮半島の民謡と類似しているとされてきた。それもそのはず、古賀は八歳から一九歳という多感な時期を朝鮮の仁川《インチョン》で過ごしていた。古賀が通った京城の善隣商業学校では自ら音楽サークルを作り、大正琴やバイオリン等、様々な楽器を演奏した。

古賀が影響を受けたのは、日本の伝統音楽や西洋音楽ではなく、青春時代を過ごした朝鮮の、古くから伝わり人々に歌い継がれた素朴なメロディーであった。古賀自身、「朝鮮は第二の故郷」と公言し、朝鮮の歌を次のように絶賛していた。

「清楚な装いをした妓生が哀愁の風情を以ってアリランコゲロ、ノモカンダと冴えのいい太鼓の音に合わせて唄うのを聞いたとき、いかにこの唄が音楽的に素晴らしいかを知ることが出来るでしょう」

そして古賀は、「民謡を音楽的芸術的学理によって解釈する人々は、日本民謡より朝鮮民謡の方が優れていると言えましょう」とまで言い切るほど、朝鮮民謡に心酔していた。

古賀メロディーのルーツは朝鮮民謡という説は、古賀自身の述懐からも明らかで、古賀作品が朝鮮で受け入れられたのは、朝鮮人自身が古賀メロディーに自らのソウルミュージックのエッセンスを感じ取ったからではないだろうか。

「酒は涙か溜息か」に代表される古賀の歌は、民族を超えた、否、異なる民族が共有できる歌の調べがＤＮＡのように織り込まれ、それは世代を超えて伝えられていったのである。

一九三二年に発売された「荒城の跡」は、「朝鮮のセレナーデ」と呼ばれるほどに、情緒的な響きで、人々の琴線を震わせた。

荒城の跡の夜　静寂の中に月の光のみ　廃虚の恨めしくも悲しい思い出を語る
ああ　寂しき旅人　眠ることもできず　悲しげな虫の音に　言葉なく涙を流す

作詞は王平《ワンピョン》、作曲は全寿麟《チョンスリン》と共に朝鮮人のコンビで、以前から彼らが所属していた「朝鮮演劇座」の舞台で歌われていたこの歌に目を付けたのがビクターであった。そこで、ビクター専属歌手でもある新劇女優、李愛利秀《イエリス》がレコードに吹き込み、一〇万枚を売り上げる大ヒットとなった。

　李愛利秀は九歳の時から新派劇団の舞台に立ち、日本の大衆歌謡の大御所であった中山晋平の代表作「ゴンドラの歌」を朝鮮語で歌ったことでも知られていた。廃墟と化した高麗《コリョ》王朝の王宮跡を訪ねた旅人に去来する悲哀を表現した歌詞に、朝鮮人は植民地となって滅んだ自らの国の運命を重ね合わせた。

　しかし、日本の植民地支配を嘆き悲しむ姿を連想させる「荒城の跡」は、朝鮮総督府による発禁処分を受けた。曲を作った王平と全寿麟は、たびたび京城の鐘路《チョンノ》警察署に連行され、拷問を受けた。

　朝鮮人自らが作り、大衆歌謡としてヒットした歌が宗主国の逆鱗に触れ、歌うことを禁じられる。朝鮮での大衆歌謡の出発は、朝鮮人のアイデンティティを鼓舞する文化の力を有していたが、それゆえ政治的圧力にさらされるという受難の時代の幕明けでもあった。

第2章　吉本興業と日本在留コリアン

1　玄海灘を渡ってきた異邦人

日本在留コリアンの増加と市場の形成

一九一〇年、韓国併合が行われた時点で、日本に居住する朝鮮人人口は二六〇〇人であった。それが一九二〇年代半ばになると二〇万人を超え、一九三〇年には四〇万人を超える急激な増加を見せた。日本の統治により植民地とされた朝鮮半島は、日本資本による産業形態下に組み込まれ、農村では土地調査事業により土地を追われた人々が、大量の余剰人口として日本に渡来するようになった。

日本では第一次世界大戦により空前の好景気となり、急激な経済成長を支えるための労働人口の不足に直面していた。そこで朝鮮人が日本の工業分野において、安価な労働力として従事することになり、東京や大阪等の大都市近郊に居住するようになっていった。

朝鮮人の渡来に伴い、一定の朝鮮人人口が存在した地域では、民族的なニーズに対応した各種の商業・サービス業が盛んとなった。サービス業としては、朝鮮料理の飲食店の他、理容・美容院、医院、保険代理店、代書業、朝鮮語印刷業、さらにはムーダン（巫女）や占い師、歌舞団も存在した。娯楽や慰安では、素人演芸にとどまらず蓄音器のあるところで朝鮮語のレコードがかけられたり、集住地ないしその近くの劇場では、朝鮮半島からやってきた劇団の興業や映画の上映が行われたりした。

また、朝鮮人が利用する市場が形成されることもあり、そこでは朝鮮半島からやってきた人々をも驚かせるほどの豊富な種類の商品やサービスを提供していた。朝鮮服地や朝鮮料理に用いる明太、トウガラシ、豆もやしといった食材を売る店だけでなく、朝鮮のかんざしなどの服飾品、婚礼具、漢方薬、朝鮮語のレコード、書籍、朝鮮語新聞等も商品として取り扱われていた。

朝鮮人の大衆演芸の日本内地における展開がいつごろ始まり、どの程度のものであったのか、はっきりは分からない。自然発生的に、朝鮮人密集地での集まりにおいて朝鮮半島で習慣となっている歌や踊りが行われたことが想像できる。それが組織化され、商売として成立したものとなるのは、一九二〇年代以降のことである。この時期には、親睦団体が同胞慰安や災害救援のチャリティのために演芸大会を開催したり、プロレタリア文化運動の一環として朝鮮人の演劇活動が取り組まれたりするようになっていた。そこには、日本で修学していたプロの芸術家、例えば「半島の舞姫」と絶賛された崔承喜《チェスンヒ》らが参加する場合もあった。

在留コリアンの暮らしと文化

東京や大阪等、日本の大都市における朝鮮人人口は、植民地支配時代の朝鮮半島の地方都市を上回っていたことから、在留朝鮮人を対象にした興行は利益を見込めるだけの水準に達していた。そして、それらの朝鮮人の演芸は一部の日本人にも受け入れられ、吉本興業や松竹といった大手の興行会社が朝鮮人芸能人と興業契約を結ぶといったケースも生まれていったのであった。

彼らの公演内容は、同時代の流行を取り入れつつも、朝鮮文化の要素を前面に打ち出していた。例えば「裵亀子《ペクチャ》朝鮮劇団」の公演内容は、ジャズも演奏すれば歌や芝居もありのバラエティショウであったが、そのなかには朝鮮人女性がきらびやかなチマチョゴリをまとっての朝鮮民謡や朝鮮を題材にした寸劇も含まれていた。

当然、朝鮮語の歌やセリフも含まれていたわけであるが、日本人の観客がこれに拒絶反応を示した様子はなかった。むしろ、「我々にして見れば、彼女が朝鮮人であるが故に、古来からの朝鮮ものや、或いは新しいものでもより朝鮮的なものを観せて貰ひたい」(「褒亀子見物記」石見為雄著『キネマ旬報』一九三六年三月一日号)という公演評の存在するところを見れば、意味の分からない朝鮮語の歌や芝居が適度に含まれる舞台を望んだ日本人が多かった可能性もあった。

ちなみに、作家・永井荷風の日記「断腸亭日乗」の一九四一年二月四日のくだりには、彼が浅草で日本の流行歌を歌う「朝鮮の踊り子一座」に接し、「朝鮮語にて朝鮮の民謡うたはせなば嘸よかるべし」との記述が見える。現代においても、洋楽は英語の意味が分からなくとも楽しむことができるように、音楽や舞台芸術は、言葉という媒体を超えた、感性に訴える働きを及ぼす作用を有していると思われる。

とはいえ、朝鮮興行の主たる客層は在留朝鮮人たちである。日本に居留する朝鮮人が増えれば増えるほど、彼らは自民族の生活実態にマッチする文化を渇望するようになった。とりわけ、コリアンの密集地である大阪にその需要が集中した。

当時の大阪は、「東洋のマンチェスター」と呼ばれたほど工業が盛んで、日本だけでなくアジア諸国からも仕事を求めて人々がやってきた。その中心となったのがコリアンであり、当然人が集まればその人たちを対象とした商売が成り立つのも、自然の理であった。

在留コリアンは、賃金水準からみれば、日本人の半分程度の賃金で仕事に従事していた。苦しい状況のなか日々の暮らしに追われていたのであるが、それでも食べることだけでなく、時には余暇や娯楽にも興じたいというのが人間としての性であろう。

手っ取り早い娯楽が賭け事であったが、自分たちが生まれ育った土地の文化に触れてみたいと思うのが、娯楽を超えた本能に起因する欲望の一つである。初期の段階では、郷土を同じくする内々の親戚レベルで、故郷の食や歌、踊りを内輪で楽しんでいたが、やはり本場のプロの芸能人を呼んで生の公演を観てみたいと思うようになった。

しかし朝鮮半島から直に芸能人を呼ぶとしても、金と人出がかかり、何よりも強力な伝手が必要で、素人が容易に実現できるものではない。そこでプロの興行師が必要となるのであるが、当時、大阪でそれが可能な芸能事務所は一つしかなかった。

いくら在留コリアンが多く住んでいても、コリアン文化の興行は未知の世界である。リスクを考えると、プロの芸能事務所でも二の足を踏む。それでもそれが「儲け」につながると判断したなら、話に乗るというベンチャー企業、それが吉本興業であった。

吉本興業の発想は「笑い」で「利益を生む」であり、その手段としては、伝統芸能の寄席や漫才に限定していなかった。客にウケればなんでもありで、客や芸人が日本人である必要もなかった。

こうした吉本興業のチャレンジ精神と在留コリアンの文化への渇望が、吉本の舞台にコリアン・エンターテナーを登壇させた。それはやがて、笑いと涙の絶叫の渦となって、日本各地を席巻していくことになる。

2　吉本興業繁盛記

吉本興業の創成

二〇一七年、ＮＨＫ朝の連続ドラマで放送されたのが「わろてんか」で、大阪の芸能事務所・吉本興業の創業者である吉本せいの生涯を描いたストーリーとなっている。

吉本せいの生涯は、ドラマ以上に波乱に満ちていた。ドラマでは実家が京都の薬問屋となっているが、実際のせいの生家は大阪の米穀商で、一八八九年に一二人兄弟の三女として生まれている。

幼い弟や妹たちの世話に追われる日々の中でも、せいは学問が好きで成績優秀であった。せいが懸命に親代わりで育てて世話をした弟二人との絆は深く、後に弟たちはせいが立ち上げた吉本興業を支えていくことになる。

せいは勉強ができたにもかかわらず、当時は「女に学問は無用」との風潮から進学の希望は叶わず、尋常小学校を卒業すると、大阪・船場の商家に奉公に出された。そして一八歳の時、大阪の荒物問屋の次男・吉本泰三の妻となる。泰三は当時二一歳、ドラマの通り商売に向かない遊び人であった。

せいの姑である吉本ユキは、ドラマで演じられているのとは比べようのないほど嫁いびりがひどく、せいに辛くあたった。例えば、ユキはせいに、大量の厚地の綿織物を石鹸を使わずすべて手で洗うように命じる。あまりの重労働で、せいの両手の皮は剥け、タライの水が赤く染まったという。

吉本せい　（Wikipedia より）

夫の泰三はというと、これもドラマでは相思相愛で駆け落ちして結ばれたことになっているが、実際は姑にいびられる妻をいたわることはなかった。剣舞という芸に入れ込み、芸人を連れ歩いては遊び回り、時には一年以上旅巡業についていく等、放蕩三昧の道楽亭主であった。

二〇一七年に発刊された『吉本興業百五年史』によれば、せい自身は当時の様子をこう振り返っている。

「主人は家業を私に任せきりで、一年半旅に出たきりで帰ってきません。留守を預かる私にどうして不振の営業（商い）がつづけられましょう。やむなく荒物業は廃業し、店を畳んで主人の帰る日を里のほうで待つことにいたしました」

放蕩の旅から戻った泰三は、せいの実家の居候となったが、相変わらず働くことはなかった。せいの実家暮らしは気詰まりとなり、二人は安部屋を借り、せいは針仕事の内職を始める。貧乏暮らしも限界になり、泰三も生活再建に向けてようやく重い腰を上げた。泰三は伊達に道楽三昧していた訳ではなく、そこで得た人脈とノウハウを生かし、趣味であった寄席を買収すると宣言した。せいは実家に頼み込んで資金を調達し、夫婦は寄席を手に入れる。せい二二歳の時であった。

寄席といっても小さな小屋であったが、夫婦はここで才覚を発揮した。例えば客の回転を早くするために、満員で場内が熱気に満ちていても、わざと換気をしなかった。中は蒸し風呂状態となり、客は我慢できずに退場する。そうすると、新たな客が中に入れるようになる。また、暑くなった場内から出た客は喉が渇いていることを見込んで、近所の問屋から仕入れた冷やしアメを、小屋の前に即席で作った出店で売りだした。その一方で、場内ではおかきやあられ等の乾き物を販売し、客の喉が渇くよう計算していた。

さらには、雨が降ると雨宿りに入ってくる客を対象に、入場料を二倍にして稼ぎを得た。そうした商魂たくましい大阪商人らしい発想で寄席は繁盛し、なおかつ利益を上げていった。

ある時、近所で火事が発生すると、せいは「吉本」の法被を着て、提灯をぶら下げた供を引きつれて、炊き出しを行った。火事という不幸の場でも、「吉本」の名を宣伝し、笑いにつなげる大胆さと情の厚さを兼ね備えたエピソードである。

吉本興業の快進撃

寄席の経営は軌道に乗り、創業から一一年、吉本が経営する寄席の数は四一軒にまで増えた。単に寄席の数を増やしたのではなく、寄席をチェーン展開する、入場料をワンコインにする等、寄席の席主がこれまでやらなかった斬新なアイデアが採用された。

吉本夫婦の生活も再建されたかに見えたが、泰三の放蕩癖は治らなかった。一九二四年、

林正之助（「大阪起業家ミュージアム」HPより）

泰三は三七歳の若さで脳溢血により亡くなったが、最期をみとったのは妻のせいではなく、愛人であった。

泰三の死後、吉本の看板を守ることになったのが、せいと弟の林兄弟であった。

長男の林正之助は、姉に請われて一八歳の時から吉本興業の前身、吉本興業部に入社し、寄席の世界に足を踏み入れた。強面で通り「ライオン」の異名をもつ正之助は豪快な性格で、わずか一九歳で吉本の総監督に就任した。

一九二三年、関東大震災が起こると、せいは東京の寄席芸人のもとに正之助を遣わせ、鉄道が不通の中、神戸から船で毛布等の救援物資を運ばせる気風のよさを見せた。さらには、寄席等の娯楽どころではなくなった東京で仕事をなくした芸人を大阪に呼び寄せ、高座に上がらせた。こうして、上方で関東の芸が披露されることで、大阪での寄席文化がさらに活況を呈するようになる。

せいと正之助の、人情味がありかつ利益はしっかり確保するという商法は、笑いの興行界において新旋風を巻き起こした。それは既存の土着的な笑いで完結するという伝統文化の枠では語れない革新性を有していた。そうした「寄席」の世界に留まらず、笑いをエンターテイメントに押し上げたのが、もう一人の弟、四男の林弘高であった。

お笑いからエンターテイメントへ

林正之助は、寄席から漫才へと吉本興業の笑いの幅を広げる役割を担った。戦前、大人気を博した「エンタツ・アチャコ」を発掘したのが正之助であり、吉本が笑いの王道を極める道筋をつけることに尽力した。

弟の弘高は東京の中央大学出身で、社会党の新聞の編集に携わった経験がある等、正之助たちとは異なるバックグラウンドの持ち主であった。弘高は二一歳で吉本入りし、吉本の東京進出の要である営業担当責任者に就任する。

林弘高（左）と力道山。1950年代、吉本興業はプロレスの興行を手掛けていた（『吉本興業百五年史』より）

弘高は笑いをとる手段として、舞台で寄席や漫才を演じることは必ずしも必要と考えていなかった。舞台上に、誰も見たことのない世界を作り上げる――彼のビジョンは話芸を中心としたお笑いの枠を大きくはみ出るものだった。

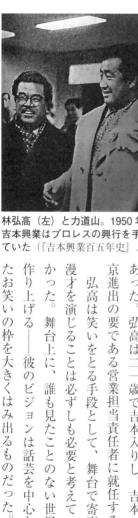

弘高が手掛けた舞台劇には、例えば二メートルを超える人型二足歩行ロボットが登場するという、当時としては前衛的ともいえるアイデアが随所に溢れ出ていた。また、美女が裸体に銀箔を塗って踊るショウ劇団「マーカス・ショウ」を本場アメリカから招聘し、公共の場で裸の女性を見慣れていない日本人観客の度肝を抜くパフォーマンスを演じさせたりもした。前例にとらわれない、人々があっと驚く斬新な企画で、「日常的」な笑いの世界から、「非日常的」なスペクタクルの世界へと観客をいざなった。

こうした着想は、寄席の殿堂であり、漫才王国の大阪では受け入れられなかったであろうが、弘高は吉本にとっての新天地・東京で、自由な発想で奇抜な挑戦を繰り広げていく。そうした意味において、弘高は従来的な興行師ではなく、芸能プロデューサーの先駆けといえる存在であった。

先取の気風が目を付けた朝鮮芸能

林兄弟が経営に参画した一九二〇年代から三〇年代にかけて、吉本興業は伝統芸である寄席や漫才を笑いの土台に根付かせながら、エンターテイメント分野にも食指を伸ばし、総合芸能産業の地位を築いていった。特に新鮮なもの、珍しいものには敏感で、実験的・前衛的な芸や技能にもスポットライトを当てた。その中に、朝鮮人の歌手やダンサーが在籍していた。

　林兄弟にとって、売れること、ウケることがすべてで、国籍や民族の違いは、芸を披露する舞台には何の関係もなかった。むしろ、そうした未知の芸を知らしめることで、芸道のすそ野が広がると思っていたのであろうか、エキゾチックでエスニックな要素を散りばめた歌や踊りを積極的に登壇させた。日本の従来の芸に、新たに朝鮮からの芸が加わることによって、舞台上では化学反応が起き、目の肥えた観客のマンネリズムを打破していった。

　吉本興業が林兄弟によって飛躍した時代は、朝鮮半島から来た芸能人が日本の地で朝鮮の文化を体現した時代でもあった。吉本の舞台では、これまで誰も見たことのない活力ある芸が、次々と再生産されていった。笑いと熱狂の時代の始まりである。

第3章　吉本の舞台に立ったコリアン・エンターテナーたち

1　裵亀子登場

吉本興業専属タレント裵亀子

朝鮮人で早くから吉本入りし、最もポピュラーとなったのが、裵亀子《ペクヂャ》である。一九三三年の頃より裵亀子は吉本興業専属のタレントとして、日本で「裵亀子朝鮮劇団」を立ち上げ、活動するようになる。戦前の吉本興業の紹介誌には、次のように裵亀子の劇団が記されている。

「女性ばかりの朝鮮よりのレビュー団であった。美人の裵亀子を座長に裵二姉妹、踊り子三十名、子役二十名という大所帯の絢爛たる舞台を披露。きらびやかな高級朝鮮衣装のチマチョゴリの舞台は、竜宮城を連想させるがごとき派手さがあった。朝鮮民謡曲が多くアレンジされ、バラエティショーを中心的に演じたが、時には朝鮮哀話などを物語性のあるショー形式で見せ、一大人気を博した」

当時吉本は、林正之助が育てたエンタツ・アチャコの漫才コンビが一大ブームを起こしていたが、記録から裵亀子朝鮮劇団は、それに劣らない人気ぶりを得たスターとして扱われている。

裵亀子は朝鮮では舞踏家として知られ、キャリアを積んでから吉本入りしたのだが、その生涯は、出自から波瀾に満ちたものであった。

裵亀子列伝

一九三三年七月二六日付の「神戸又新日報」に、「朝鮮美姫の踊り」と題する裵亀子の記事が掲載された。内容は、「神戸の多聞座には朝鮮から裵亀子舞踊団が来演、情緒たっぷりな踊り数番を見せて喝采を博している」と、彼女が登壇した舞台が好評であると紹介している。

そして七月三〇日付の「神戸又新日報」では、「張学良に肘鉄くれて」から始まり、「華やかに脚光浴びる、哀し裵亀子に反逆」「叔母のさだめ踏むまじと、天勝の舞台から転身

裵亀子（神戸新聞 1934 年 9 月 11 日より）

して、彼女健気なステップ」の大見出しが踊っていた。この記事は裵亀子へのインタビューを元に構成されたものだが、その内容は非常に興味深い。

> 朝鮮名門の貴族の家に生まれ好色宰相故伊藤博文公の愛妾で日韓併合の秘史を彩つた婦人政客を叔母に持ちながら、天勝一座の名花妖術の奇術師となつた彼女、当時満州の天地に君臨して暴政をほしいままにしていた張家の御曹司、学良の夫人たるべく懇望されて、見事彼に肘鉄を喰はせ、今は朝鮮の美少女たちを率いて華やかな脚光を浴びながら踊る未だ若く美はしい舞姫――彼女が若し学良夫人となつていたら、

日満両国の歴史は現在とは異なつた道を歩いているかもしれない——今、神戸新開地多聞座に来て朝鮮の踊りに、エジプトの踊りに楚々たる姿を見せている裵亀子がその「彼女」なんだ！

白粉と汗の匂いのぷんぷんする同座の楽屋、舞台から入って来て生ぬるい電扇の風を入れている彼女が話した数奇の半生、年二十七歳、五つの時日本に来た彼女は故郷の言葉よりに日本語をよくする

記事にある「伊藤博文の愛妾である裵亀子の叔母」とは、伊藤博文の影で政治の舞台に暗躍した裵《ペ》貞子《チョンジャ》のこと。裵貞子は日本と朝鮮とを行き来し、その美貌を武器に数々の政略劇に関わった人物である。その人物の姪で、後に貞子の養女となったのが、裵亀子その人であった。

裵貞子に負けず劣らずの境遇を歩んだ、裵亀子のインタビューは続く。

いやですわ。そんな昔話。叔母のことですって？　よく知つてらつしゃるのですね。負けつちまうわ。甲を脱いで白状しますわ。叔母＝裵貞子がその名＝は今六十二、総督府か何かの嘱託になつて、勲三等を戴いて、今でもピンピンしてますよ。統監だつ

た伊藤さんとは同棲までしてゐたのですから、誰しらぬ者もなかつたんです。合併の頃、売国女なんて言われて、長い間苛められたものでした。私はこの叔母の家で育つたんです。

天勝さんのとこへ行つたのは、五つの時でした。天勝さんの師匠の天一さんを伊藤公が贔屓だった関係から、天勝さんも朝鮮に来るたびに、叔母の邸にやつて来ました。その時も叔母のとこで、婦人たちの集まりに天勝さんの余興があつて、その日預かつてくれ、預かりませうと叔母との間に話が出来て、その翌日から一座に入ったんです。悲しいも何もまだ私、何もまだ分からなかつたわ。養女にして二代目天勝になるつて話になつていたんだけど、私は奇術が嫌だつたんです。インチキなことがね。それよりも踊りがやりたいとその頃から思つていました。

裵亀子は五歳の時、有無を言わさず、伊藤博文が贔屓にしていた奇術師の松旭斎天勝に身売り同然に弟子入りさせられた。天勝一座のもとで修業を重ね、一九一八年、一三歳の時には「娘子軍」のメンバーとしてアメリカ公演の舞台に立つ等、女性演芸者としての実績を重ねていった。

しかし、裵亀子は天勝の後継者となるよりも、朝鮮人舞踊家としての道を選択した。裵亀子はモダンバレエの大家である石井漠に入門し踊りを体得していたが、同門のライバルに崔承喜《チェスンヒ》がいた。裵亀子は同じ朝鮮人の崔承喜が舞踊家として大成していくのを受け入れることができず、天勝のもとを飛び出すことになる。

後に、裵亀子と崔承喜は共にコリアン・ダンサーとして大成するが、自身の芸に磨きをかけるだけでなく、後進を育成し、芸そのものを広く世に知らしめるための研究所を設立する等、志を同じくしていた。

裵亀子は一九三二年、朝鮮で「裵亀子歌舞劇団」を創設し、日本における「裵亀子朝鮮劇団」とともに、劇団運営の重責を担っていくようになる。数多くの弟子を育て、自らの名を冠した歌舞団や研究所を設立した崔承喜とはライバルであったが、自らの民族文化を発展・継承させるスタイルは共通していた。

記事は「毎晩見に来た筒袖の絣少年」「僕は女です、あなたと同じ身の上　川島芳子との奇遇」との見出しで、裵亀子のインタビューが続く。

> 天勝時代のことで今になつて自分で面白いと思つてゐる時の話があるんです。巡業で鹿児島に行つた時ですわ。筒袖の絣を着て薩摩下駄をはいた美少年が毎晩二階の特等席に来るんです。そして私をぢつと見つめるんです。私まだ十六でしたが、なんと

も思ってなかったけど、さあ楽屋で評判になる。「あの人あんたが目当てよ」なんて、喧しいのよ。ところがある日その人、宿にやって来て、私に「会いたい」と言うの。師匠の天勝が出て聞くと、「私は本当は女です。名前は言えないが、裵さんと同じ様な境遇の女です。だからぜひ話がしたい。逢わせてくれ」って言うんです。師匠立会の上、逢って話しました。なんだか胸がどきどきしましたよ。「同じような身の上だから、ぜひ仲良くしよう。お互いに力にならう」なんて、しんみりした話。それがね、川島芳子さんだったんです。その後、毎日のやうに逢ってましたが、芳子さんのお兄さんに知れて、芸人風情と友達になるなんて譯で、手紙のやりとりも出来なくなりました。それ以来お目にかかりませんけど、新聞で写真を見たりすると懐かしくなりますわ。

川島芳子は当時、「男装の麗人」としてマスコミの寵児となり世間を騒がせていた、清朝皇族出身の女性である。清朝皇帝の血筋につながる川島が朝鮮人演芸者と意気投合したとなると、格好のスキャンダルになると親族は危惧したのであろう。

川島芳子は後に関東軍による満州国建国に関わったとされる等、謀略の影に暗躍する「女スパイ」として名を馳せることになる。戦後は「漢奸」として中国国民党軍に捕らえられ、一九四八年に銃殺刑にされた。

インタビューが清朝絡みの話に及ぶと、意外な人物の名が褒亀子の口から飛び出した。

十九の時、天勝さんのとこを出て朝鮮に帰りました。そん時、張学良の話が出たんです。こつちは朝鮮語を忘れてしまつてるでせう。叔母たちが傍らでどんな相談をしてゐても、私には分からないんです。女学校に行つていた妹がそつと「姉さん、あんた張学良の夫人になるの」と言うでせう。ビックリしてしまひましたわ。それから話を聞いてゐると、叔母がすつかり取り決めて、その頃総督だつた斎藤さんも大乗気だつたし、もう奉天から迎いの将軍が来ることになつていると言うんですし、今から思うと、叔母が伊藤公の何になつてやつた役割を私にやらせて日本と満州の間をどうかしようという譯だつたんでせう。だけど私はもうすつかり日本娘になつてたでせう。支那人なんて大嫌い。それに「姉がどうせ奇術師になつたんだから」つて舞台の売笑婦か何かみたいに言うんです。それがグッと癪に触つてしまつて「いやです」の一点張りで突つぱねてしまひました。その後舞踊学校みたいなものを作つて舞台にも立とうと思いました。そん時の気持ち？　さあ、やつぱりちよつと変な気持ちがしましたわ。

張学良との婚約話とはにわかに信じられないが、当時中国では第一次国共合作で、孫文率いる中国国民党がソ連に接近するかわりに、中国と日本との距離が離れつつあった。そうした状況にあせった日本軍部は中国を留めておこうと、中国東北地方の軍閥の若き青年元帥、張学良を篭絡しようとした。その手段として張学良との政略結婚が画策され、白羽の矢が立てられたのが、裵亀子であった。当時、日本のマスコミで張学良は、「馬賊の子倅」という表現で扱われていた。中国の軍閥・張作霖が爆殺され、その後を継いだのが張学良であったのだが、そもそも裵亀子自身、張学良の妻になることに何の魅力も感じていなかったのかもしれない。

総督府とのつながりがある叔母の裵貞子は、自分がそうであったように、亀子を政争の具として利用しようとした。しかし、亀子は叔母のそうした姿を見てきたのか、自分が政治の慰みものとなることに抵抗し、叔母の元を離れることにした。

裵亀子が舞踊家として、独り立ちした瞬間であった。

裵亀子、吉本舞台のトリを飾る

一九三四年八月二一日からの一〇日間、東京の新橋演舞場で吉本興業は「納涼爆笑漫才大会」を実施した。それまで吉本の舞台のメインを担ったのは落語や安来節であったが、この公演を機に吉本は本格的に漫才を目玉にするようになり、この動きを受けて噺家ら芸人も続々漫才師へと鞍替えするようになった。

この「納涼爆笑漫才大会」では当時「インテリ漫才」として玄人受けし、ラジオの実況中継を模した「早慶戦」が一大ブームとなった「エンタツ・アチャコ」をはじめとする、総勢一〇組の漫才が催された。そしてこの漫才大会のトリを飾ったのが、裵亀子であった。プログラムには、「朝鮮舞踊　裵亀子一行」と記され、オープニングは朝鮮民謡二曲の合奏から始まり、裵淑子《ペスッチャ》と洪清子《ホンチョンヂャ》の少女二人によるダンス「僕は朗らか」、少女五人によるタップダンスに続いて、裵亀子の朝鮮民族舞踊「アリラン」が披露された。続いて洪清子が妻役に扮したスケッチ「月給日」が演じられ、裵淑子オンステージのアクロバティックダンスが披露された。そして舞台のラストが、裵亀子一行総出演の朝鮮民謡「パンアタリョン」で、「朝鮮の農村における若い男女の姿を表現した」と紹介された。

漫才は一組が演じたとしても時間にして一〇分に満たないが、裵亀子一行は全プログラムの三分の一を占める内容を任されていた。共演者の中に、かつて裵亀子が師事した松旭斎天勝の弟子である松旭斎一光がおり、奇術を披露していた。裵亀子が天勝のもとで奇術師として芸を続けていれば、この公演でトリを務めることはなかったであろう。

裵亀子は、かつての同門やうなぎ登りの漫才師を従えて、堂々日本の地で朝鮮の歌や舞踊を披露したのであった。

裵亀子、吉本専属に

一九三四年九月一一日付の神戸新聞ラジオ欄によると、この日の夜九時一〇分から「秋の夕に哀調を帯びた朝鮮音楽」として裵亀子歌舞劇団の歌が放送されている。

内容は、朝鮮民謡を編曲した「梁山道《ヤンサンド》」と朝鮮民謡の「パンクアタリョン」、そして桔梗の根を掘りに行くことを詠った仇っぽい唄の「トラヂタリョン（桔梗の花の歌）」が歌われた。同じく、朝鮮民謡の「南道《ナムド》アリラン」が披露されたが、歌詞の意味は、「妾を見てくれ寒い時期に　花を見るような気持ちで妾を見てくれ　君が帰るのに挨拶は出来ず前掛けの端を口に咬へて微笑んで見送る」という、当時の世相を反映した内容であった。

続いて朝鮮流行歌として「クムバンタリョン（焼栗の歌）」が歌われ、その歌詞は、「焼栗、焼きたての温い栗　栗や生栗もあります　雪が降る、晴れてる空に雪が降る　風が吹く　水平の海辺に寒い風が吹く　焼栗、焼きたての栗や生栗もあります」と、童謡的な意味内容であった。

そしてラストは朝鮮民謡の十八番、「アリラン」であった。朝鮮全土には数多くのアリランがあることは前述したが、ここで歌われたのは、「アリラン峠は十二峠　越すに越されぬ恋の峠　アリラン　アリラン　アラリヨ　アリラン峠を越えて行く　待って頂戴　せめて月の出るまで　アリラン峠を越える時　胸がちくちく痛み出す　アリラン峠を超えれば　君は二度と帰らじ　君の熱い口づけ　今は冷たくさめてよ　諦められよか　諦められぬ　乙女心の初恋」という、恋愛色の強い失恋ソングであった。

記事では裵亀子は、「松旭斎天勝の弟子入りをして十余年、六年前に朝鮮に帰り、京城に歌舞劇研究所を設け発展を遂げ、昨年より吉本興業部専属となる」と記されていた。

これは、裵亀子の日本での活動が吉本興業の目にとまり、専属タレントという待遇で契約したことを意味している。大阪で最大の芸能事務所にスカウトされたことで、裵亀子は舞台だけでなく、当時最新鋭のメディアであったラジオ番組にも登場することになる。

裵亀子の歌がより多くの人々に耳に入る、すなわち朝鮮の音楽が一般の人々に聴かれるということであり、吉本の戦略によりコリアン・エンターテナーは、日本で水を得た魚のように活躍の場を広げるのであった。

2　オーケー楽劇団参上

オーケー楽劇団、鮮烈な日本デビュー

裵亀子が先駆となって朝鮮人アーティストが日本の芸能界に進出し、反響を得るようになった。その最大の台風の目であったのが、オーケー楽劇団である。

かつて、関西地方在留の朝鮮人を対象にしたハングルの新聞に、「民衆時報」があった。その「民衆時報」の一九三六年二月一日の記事では、二面を全面使用して、「オーケー芸術団」の関西公演を記事にしていた。

それによると、「中央日報、朝鮮日報、東亜日報の三つの新聞社の大阪支局と民衆時報本社が後援となり、在留同胞慰安音楽演奏会を開催する」との発表があった。演奏会の内容は、「朝鮮芸術界の精華三〇余名が出演し、京阪神三大都市で演奏する」とのことで、記者会見でオーケー蓄音器会社団は、「遠く玄界灘を渡って、日本各地で日々の暮らしのために苦役に従事する数十万の在留同胞と青年学生を慰安する目的で、重要都市において演奏活動を行う」と趣旨を述べた。

記事では、「出演芸術家は、全員朝鮮の誇り」と称え、伝統的な歌と踊りの一流の名手が集うと紹介されている。そして同行するジャズバンドは、「世界的水準に比べても遜色のない管弦楽団であり、その腕前は神技である」と絶賛した。また舞踊については、「林《イム》生員《センウォン》の踊りのセンスは抜群で、腰を振る姿は鬼才妙技」とあり、観る者を釘付けにすると期待をにじませた。

公演スケジュールは、二月八日と九日が大阪国民会館で、計三回上演される予定であった。京都は二月一〇日に河原町の朝日会館で二回公演、神戸は二月一三日に昭和館で二回の公演が行われるとのことであった。

この関西ツアーには、オーケーと新聞社の巧みな戦略があった。大阪公演では、オーケーのドーナツ盤レコードに付属した引換券を持参すれば、無料で入場できた。また、民衆時報購読者には紙面の読者優待券を切り取り、当日持参すると、時価四〇銭のレコード針がプレゼントされた。神戸でも読者優待券があれば、入場料八〇銭が六〇銭に割引されるという特典がついていた。

今でもCDに「握手券」を添付し、CDを購入したファンがお目当てのアイドルと握手できる販促戦略が行われているが、これはその先駆けと言える。

また、日本在留の朝鮮人が故郷のレコードを買おうとすると、それを販売するレコード屋が朝鮮人集住地域に店を出すようになる。

一九三七年一二月一二日付の「東亜新聞」には、「オーケー、タイヘイレコード鮮盤内地総発売元」として、「時昌商会」の名が広告記事に掲載された。商品として、「レコード、新旧書籍、各種雑貨、並びに漢方薬販売」が扱われ、住所は朝鮮人の密集地である大阪市西成区北開であった。

タイヘイレコードは一九三〇年、兵庫県でアメリカの石油会社ライイジング・サンの総代理店を務め、ろうそくや石鹸を扱っていた松田文蔵商店が、地元の西宮市今津にレコード製造工場を建設したのが始まりである。タイヘイレコードはオーケーレコードと並び、朝鮮人歌手のレコードを数多く販売していた。後にオーケーレコードの看板歌手となる李《イ》蘭影《ナヨン》が一六歳の時、「トラジ打鈴《タリョン》」でデビューしたが、それを吹き込んだのがタイヘイレコードであった。

日本において朝鮮人歌手の公演活動が盛んになるのと比例して、レコード購買の需要が高まり、相乗効果として朝鮮人歌手のレコードも次々と販売されるようになっていった。朝鮮人歌手の活躍により、日本の芸能市場における経済波及は着実に実績を積み重ねていったのである。

オーケー楽劇団の関西でのコンサートの様子は、後援した民衆時報の一九三六年二月二一日の記事で報じられた。記事よれば、「慰安音楽大演奏会　盛況裡に無事終幕　大阪・京都・神戸超満員！」の見出しで、次のように書かれている。

「中央日報、朝鮮日報、東亜日報三社の大阪支局と民衆時報本社が後援となって、オーケー芸術団の慰安音楽大演奏会が二月八、九の二日間、大阪国民会館で行われた。八日は午前中であったにもかかわらず、一千人余りの観衆が集まり、九日は昼夜二回の公演が行われ、計三千名の観衆が詰めかけた。芸術団の感服すべき演奏技量に聴衆は圧倒され、朝鮮各地に伝わる民謡が演奏されるや、観衆は涙を流して喝采を送った」

この公演には、李蘭影、高福寿《コボッス》、金梅松《キムメソル》ら朝鮮におけるトップスターの歌手とともに、舞踊団、ジャズバンドも出演していた。

また、日本で発行されたハングルによる「朝鮮新聞」一九三六年三月一日付の広告記事には、「朝鮮歌舞実演の晩」として、「O－K音楽団告別演奏会」と掲載されている。演奏会の日時は「二月二十八日午後六時半」からで、場所は「九段下軍人会館」であった。入場料は「五十銭均一」で、主催は「在日本朝鮮基督教青年会後援会」、後援は「中央日報、朝鮮日報、東亜日報の各支局」と「東京朝鮮民報社」であった。

オーケー楽劇団は堂々、帝都においても皇居に近い九段下の軍人会館で公演を張るほどに、一流楽団の風格を備えていたのであった。

同時期、一九三六年四月一〇日から、大阪の玉造座で崔承喜《チェスンヒ》主演の映画「半島の舞姫」が公開されていた。「週刊朝日」に連載された湯浅克衛の「怒濤の譜」が原作で、監督は今日出海であった。共演は千田是也らが名を連ね、民衆時報掲載の広告には、「飛躍する崔承喜！　豊満限りない賦肉の跳躍！　華麗な脚光の中で展開される半島の舞姫の奇遇な半生記録！　悲しみながら、喜びながら、愛と情を織り込んだ舞踊と歌の女性哀史！　絢爛映画は四月十日から！　一週間公開！」と記されていた。

ちなみに、千田是也は一九二三年の関東大震災において、千駄ヶ谷付近で朝鮮人と間違えられ殺されそうになった。震災当時、「朝鮮人が井戸に毒を投げ込んでいる」「朝鮮人が暴動を起こしている」等のデマが流れ、軍と警察、一般市民が次々と罪のない朝鮮人を虐殺していった。こうした経験から、「千駄ヶ谷で殺されそうになったコリアン」をもじって、「千田是也」という芸名を名乗るようになった。

厳然と朝鮮人差別が存在し、戦争の足音が差し迫る暗い時代に、朝鮮半島出身の芸術家が日本各地で公演する。そのこと自体驚きであるが、そこには、困難な状況を乗り越えるだけのパワーがあったに違いない。戦前の日本に、輝きを放ったコリアン・エンターテナーの姿が確かにあったのだ。

第4章　朝鮮楽劇団の快進撃

1　朝鮮楽劇団、吉本を席巻

人気絶頂、コリアン・エンターテナー

一九三七年に入ると、朝鮮人芸術家は日本における認知度をますます高め、数多くの舞台に立つようになる。その中心は吉本興業であり、当時人気絶頂の吉本芸人や一流歌手と肩を並べて、歌や踊りを披露していた。

この時期、吉本では従来からの型通りの漫才を演じるだけの舞台ではなく、「ショウ」と呼ばれるエンターテイメントが披露されていた。「ショウ」とは一組の演芸チームが笑いを演じる合間に、ダンスや歌、珍芸やアクロバットを盛り込む、いわば「バラエティー・

大阪・新世界芦邉劇場での裵亀子と朝鮮楽劇団の公演
（「大阪朝日新聞」1937 年 2 月 28 日より）

ショウ」の先駆けであった。この「ショウ」を吉本は「吉本ショウ」として取り入れるのであるが、それに最ものっかったのが、コリアン・エンターテナーであった。

　彼らは歌や踊りの才能に秀で、さらに吉本伝統のお笑いを加味することで、舞台から引っ張りだこの人気を博するようになった。

　一九三七年三月一日から五日まで、大阪・新世界芦邉劇場にて、テイチク専属花形歌手が出演する「流行歌コンクール　テイチク・ショウ」が開催された。広告記事によれば、出演は「東京ラプソディ」や「青い背広で」をヒットさせた藤山一郎、「ダイナー」「人生の並木道」の持ち歌で知られたディック・ミネ、そして「喜劇民謡座」「陽気な一座」「エロス座」等の吉本の花形漫才や個性的な名前の一座とともにラインナップされたのが、裴亀子《ペクグヂャ》と朝鮮楽劇団であった。

朝鮮楽劇団の前身であるオーケー楽劇団は、吉本興業の「より朝鮮の民族色を出すように」との要請で、一九三九年に「朝鮮楽劇団」と名称を改め、公演内容にも朝鮮の歌や踊りをふんだんに取り入れるようになった。そして朝鮮楽劇団は、一九三六年から一九四三年にかけて、四度にわたる巡業公演を日本で開催した。

テイチクショウでは、他に漫才で絶大な人気を誇っていた杉浦エノスケと横山エンタツ、千歳屋今男と花菱アチャコが出演していた。「エンタツ・アチャコ」といえば当代随一の漫才コンビであるが、この頃はそれぞれ別の相方で舞台に立っていた。

演題のプログラムは、

一、民謡劇　恋愛無敵艦隊　一場
二、歌舞伎　良辨杉　二場
三、朝鮮舞踊　裴亀子楽劇団　八曲
四、新喜劇　新家庭争曲戦　四幕

そしてトリが、テイチク流行歌コンクールであった。

注目すべきは裴亀子で、広告記事には藤山一郎とディック・ミネは顔写真入りであったが、彼らと並んで裴亀子も一回り大きく顔写真が掲載され、なおかつ名前の字体も一番大きく、一番目立つ真ん中にデザインされていた。裵亀子は当代一流の日本人歌手をおさえて、舞台で主役を張るほどの人気があったとみられる。

一九三七年六月二九日付の「神戸新聞」の芸能記事には、「裵亀子一座とキングショウ」の題字で、次のように書かれていた。

「新開地多聞座の六月陣は三一日初日で待望二年半ぶりの永田キングとミスエロ子漫才、五十余名のキングショウと、これも二年ぶりの半島の舞姫裵亀子朝鮮楽劇団が相携えて華々しく開演するが、更に吉花菱舞踊女連も加わる内鮮舞踊の競艶舞で、漫才精鋭も出演する」

出演演目は次のようになっている。

第一ショウ　「宮本武蔵」　十五景
第二朝鮮舞踊ショウ　裵亀子楽劇　八曲
第三ショウ　「学生三代記」　十二景
第四舞踊　吉花菱音盤回想曲　七曲

他に漫才として、「アチャコ、今男」「出羽助、竹幸」「なり駒、とり三」「正二郎、栄子」「虎春、秀子」がラインナップされていた。

ここでも裵亀子は堂々、ショウの一幕を担っており、当時の吉本は漫才だけでなく、多種多様で多彩な芸が披露されていたことが分かる。

裵亀子のブームはまだまだ続く。同じ年の一九三七年、京都花月劇場のこけら落とし公演では、「コリアン・ビューティス、一〇人の半島少女が歌う『焼き栗の歌』のメロディーはたちまち観衆をエキゾチックな恍惚感に誘い入れる」とパンフレット紙上で絶賛された。

裵亀子が日本で切り開いたコリアン・ブームは、朝鮮楽劇団に引き継がれていく。

朝鮮楽劇団、吉本舞台をジャック

一九三〇年代、吉本の舞台に裵亀子や朝鮮楽劇団が登壇し、華やかなショウを披露したが、それは他に漫才や芸が披露されている中の一幕であった。朝鮮人芸術家オンリーの舞台ではなく、公演は日本の芸も当然行われている訳で、どちらかと言うと「キワモノ」として、物珍しい演し物という扱いでもあった。

しかし、朝鮮人芸術家の演目は、回を重ねるごとに、出し物の数と演じる時間が右肩上がりに増えていった。それは即ち、朝鮮人芸術家の芸がウケたことを意味し、「鑑賞に耐えうる」、はっきり言えば「客が呼べる」芸と評価されたことに他ならなかった。興行主の吉本にとって朝鮮人芸術家は、「笑える＝客が入る＝稼げる」という「笑売」の方程式が成り立つ、エンターテイメント・ビジネスであった。

広報用パンフレット「朝鮮楽劇団」第１輯の表紙
(「友情千里　2017CALENDAR」より)

吉本が「稼げる」と評価したのなら、それは韓流エンターテイメントが舞台のメインイベントとして登場してもおかしくはない話で、それを全面的に売り出そうという戦略を打ち出したのもうなずけた。

一九三九年、吉本興業のコリアン・エンターテイメントは本格的に始動する。その渦の真ん中に存在したのが、朝鮮楽劇団であった。三九年一月、劇団「オーケーグランドショウ」が、東京浅草の花月劇場で公演を行った。それを機に、従来の「オーケーグランドショウ」から「朝鮮楽劇団」と改名した。当初は、「アリラン歌劇団」と名乗り、神戸の八千代座での吉本の舞台に立ったこともあったが、吉本常務の林弘高が「朝鮮楽劇団」と命名した。

一九三九年三月六日の「神戸又新日報」の記事に、「半島の歌手と妓生の楽劇団　京阪神と名古屋は吉本のチェーンで公演」の題字で、次のように記されている。

大衆芸術の交歓が各方面から待望されている折り、朝鮮最大といはれる「朝鮮楽劇団」一行三十余名は奈良のテイチク本社における吹込みを終えて九日上京、先ず三月十一日から十日間東京浅草花月劇場公演を皮切りに、大阪、名古屋、京都、神戸の吉本興業チェーンを回り、再度上京、丸の内公演を行ふ。朝鮮楽劇団は全部半島人で組織され、テイチク朝鮮語「オーケーレコード」の専属歌手ＯＭＧバンドを以って構成され過去六年間京城、平壌《ピョンヤン》の定期公演をなし、半島では「オーケーグランドショウ」の名で四時間乃至五時間の幕なしバラエティーを見せて好評を博しているがこれを約一時間に短縮して古来のままの朝鮮舞踊、洋舞、朝鮮民謡、流行歌、ジャズ音楽、朝鮮漫謡、スケッチなどを半島の香りを湛えて上演する筈で、同じジャズ音楽も洋楽器を主として半島固有の打楽器と混成させ独自のリズムを出すもので特色ある編成である。出演する主な花形は李蘭影《イナヨン》（岡蘭子の名でテイチク内地盤にも吹き込んだことのある歌手）、張世貞《チャンセヂョン》（歌手）、高福寿《コボッス》（バリトン歌手）、金貞九《キムヂョング》（漫謡歌手）、南仁樹《ナムインス》（テナー）、趙英淑《チョヨンスク》（舞踊）、金綾子《キムヌンヂャ》（舞踊）、金貞淑《キムヂョンスク》（トーヂ・シンガー）、ＣＭＣバンド（十二名編成のジャズバンド）その他妓生の純朝鮮古典民謡舞踊である。

それまで朝鮮楽劇団は、裵亀子のバックバンドの扱いであったが、この頃からはピンで舞台に立てるほどまでに人気を博すようになっていた。

吉本を舞台にした朝鮮楽劇団の快進撃はさらに続く。「神戸又新日報」一九三九年三月一七日付の記事では、「朝鮮楽劇団　春鶯賦　近く京阪神で公演」との見出しで、次のように記されていた。

> 半島で代表的な音楽舞踊団と言はれてゐる「朝鮮楽劇団」は目下浅草花月劇場の帝都初演を皮切りに、名古屋、大阪、京都、神戸の各地を吉本興業チェーンに「春鶯賦」十七景をもつて巡回する。メンバーはオーケーレコード（テイチク朝鮮語盤）の専属歌手達を中心に、これにＣＭＣ（朝鮮ミュージカル・クラブ）バンドを加えた三〇余名である。
>
> 女性陣の中では妓生だと言ふ李花子《イファヂャ》の「金剛山牧童《クムガンサンモットン》」が地方調を豊かに出して（態度が固いのが難点か）実にいいものである。男性の方でも金貞九、南仁樹等達者連が堪能させるが、このうち金貞九の「夜店のワンタン屋」は、殊に軽妙なもので素晴らしいボードビリアンたるを思はせる。唄に対して舞踊方面のプロはいささか乏しい感

があるが、その何れもが半島調を示した。中でも、崔仁淑《チェインスク》の「僧舞打鈴《スンムタリョン》」は、尼僧の煩悩をよく現し得て、最も嘆賞すべきものがあらう。この上に望ましいのは、踊子陣だが、この不足は遠来の楽劇団として経済関係から止むを得ないものとして、これを補って余りあるものは、バンドのよさである。このバンドはバンド自体の優秀さもあるが、それよりも感ずることは、指揮者孫牧人《ソンモギン》のよきタクトの下に、単にバンドとしての使命に忠実などという事を遥かに超えて、人的要素の不足やこのために生ずるショウ的転換や変化の上の欠点を実に積極的に補って効果を挙げている。

朝鮮楽劇団は、いわゆる「朝鮮の文化」である歌や踊りを披露するのみならず、ジャズバンドの編成によるエンターテイメントを加味していることから、それだけで万国ショウの趣を楽しむことが出来た。それが当時の新聞報道からみてとれるように、朝鮮楽劇団が支持を得ていた理由のひとつになるであろう。

2　吉本興業、大陸進出

吉本、京城進出

「神戸又新日報」一九三九年三月三〇日付の記事では、「吉本興業の半島進出　京城劇場を買収して大劇場建設」の見出しで、次のように記されていた。

大陸を目指して進出を目論んでゐる吉本興業では、内地より朝鮮へ巡業の際、多数の聴衆を収容する大劇場のないのを遺憾として、今度京城府本町の京城劇場を買収し、続いてその隣接家屋も買収して大劇場を建設することになつた。同劇場買収については、以前中村扇雀一座が富士興業の手で満鮮巡業の際、同興業の松尾國三の斡旋で持主の分島興行部から十三萬圓で買収したもので、同劇場は数年前倉橋仙太郎が第二新国劇の時代に、興行中火災を起こして烏有に帰したが、再建築後は土地柄に似合はぬ狭隘な小劇場であつた。

記事にある「分島興行部」とは、当時京城における芸能興行を一手に取り仕切っていた分島周次郎の組織を指す。分島は博徒から身を起こした大陸浪人で、実質ヤクザを生業としていた。分島は朝鮮経済新聞社社長や大日本映画興行株式会社というオモテの顔と、ヤクザというウラの顔の両面を使い分け、京城の芸能界を牛耳っていた。

芸能界と暴力団の関係は、美空ひばりと山口組の関係から分かるように持ちつ持たれつで、興行を仕切りそれをシノギにする暴力団と、芸に専念できギャラが滞りなく手に入れられる芸人との関係は、昔からの因縁であった。

一九三五年一一月、裵亀子は京城西大門郊外に、舞台芸術専門の「東洋劇場《トンヤンクッチャン》」を建設した。当時、劇場は映画上映が主体で、演劇は映画が上映されない期間に演じられるすきま興行であった。しかも劇場経営は日本人が中心で朝鮮人が付け入る隙はなかった。そういった状況下で東洋劇場は、朝鮮人による、朝鮮文化を演じることが出来る異例の空間であった。

東洋劇場の設立には、当然分島の関与があり、すんなり朝鮮人の芸能興行が受け入れられたわけではなかった。そこには朝鮮総督府のお墨付きがあり、背後には裵亀子が伊藤博文の愛妾であった裵貞子《ペチョンヂャ》の姪という出自も影響した。裵亀子自身、張作霖の息子である張学良との婚姻が一時取り沙汰される等確かな血筋であることも、分島は無視することが出来なかったと思われる。

裵亀子は分島に莫大な上納金を差し出し、紆余曲折を経て東洋劇場は落成した。しかし、その栄えあるこけら落とし公演で事件は起こった。

裵亀子は特別講演「笛の奇蹟」を上演したが、そのクライマックスシーンで、あろうことか日本に併合された大韓帝国の国旗であった太極旗を振りかざしたのだ。これが問題となり、裵亀子は劇場開設早々に警察に連行され、一週間の厳しい尋問を受けた。

裵亀子は、同様の事件を日本でも起こしていた。大阪の新世界花月劇場の公演で、「白《ペッ》頭山《トゥサン》から伸び降りた半島三千里、無窮のこの山河に歴史半万年」等と歌いながら、太極旗を振り回した。

裵亀子が歌った「白頭山」とは、今の北朝鮮と中国との国境にある火山で、朝鮮民族にとっては民族発祥の聖地とされている。裵亀子は植民地とされた朝鮮の独立を鼓舞する歌を歌ったわけで、さらには国が滅亡して失われた国旗を舞台で振り回すことは、日本の官警にとっては見過ごすことのできない「不逞行為」に他ならなかった。

裵亀子は三週間警察に留置され、拷問も加えられたというが、悪びれることなく堂々と出獄した。裵亀子は一九三三年のインタビューで、五歳の時に天勝一座に入門したことから「朝鮮語は忘れた」「日本娘になりきった」と語った。しかし、その後は朝鮮人としての自覚と自民族の文化に目覚め、朝鮮の独立を舞台で披露するという「闘士」に様変わりした。

裵亀子は日本の官警からしてみれば、「朝鮮独立」を訴える危険思想の持ち主であったが、吉本は専属タレントとして起用し続けた。本来なら、官警に睨まれた時点で営業禁止の処分を受け、企業は打撃を被ることから、即刻クビになるところであったが、裵亀子はそのリスクをも凌駕する、客を呼べるスターに他ならなかった。

京城に進出した吉本は、東宝と提携して黄金座を経営し、谷口又士楽団や吉本スヰングショウが舞台に上った。黄金座は一九四〇年五月一日から「京城宝塚劇場」と改称した。吉本がなぜ「宝塚」の名を劇場に冠したのか定かではないが、朝鮮で日本の芸人が笑いをとるのは文化の土壌が違っていたため困難であると思われた。その点、「ショウ」は万国共通で、言葉を超えた音楽やダンスで観客の気持ちを引き付けることが出来た。「ショウ」と言えば「タカラヅカ」が本家本元であり、朝鮮人少女もタカラヅカに憧れ、後に宝塚歌劇に登壇した朝鮮人女性も出現する。

「タカラヅカ」のネームバリューを見込んで劇場の名に加えるあたりはパクリと思われても仕方がないが、日本でなく朝鮮だと大目に見られるとの計算も働いたのかもしれない。

もっとも、宝塚歌劇団の創始者で、阪急東宝グループを創業した小林一三は、吉本興業社長林正之助と交友があり、正之助は東宝の取締役を兼任していた。林正之助と小林一三の関係から、「京城宝塚劇場」は両者の合意の上での命名であったのかもしれない。

朝鮮楽劇団、怒涛の進撃

裵亀子に並んで朝鮮楽劇団も吉本興業での舞台に立っていたが、当初はどちらかというと裵亀子の陰に隠れた、裵亀子の歌と踊りの幕間の余興といった扱いであった。

それが一九三〇年代の終わりには、「朝鮮楽劇団」として単独のステージやラジオ出演を行うようになる。その内容はさながら豪華歌謡ショウの演出であり、それだけ日本の聴衆にもアピールするものがあった。そして、朝鮮楽劇団からは、次々とスターが輩出していく。

「神戸新聞」一九三九年四月七日のラジオ放送の記事では、「唄と朝鮮音楽」と題する昼の番組が紹介された。独唱、合唱が「朝鮮楽劇団」で、管弦楽伴奏が「朝鮮ミュウジカル・クラブ」であった。朝鮮音楽として、「アリラン」が演じられ、「朝鮮楽器ピリ（芝笛）、ハイクウム（胡弓）、ヤンクウム（琴の一種）、チャンゴ（長鼓）、クワンマキ（小シンバル）、チェクウム（銅鑼）。他に数種の洋楽器を加えて演奏」と紹介されている。

独唱として、張世貞《チャンセヂョン》の「連絡船は出る」が取り上げられ、「銅鑼が鳴る鳴る船出の銅鑼

が　これが別れかふるさとに　テープ持つ手に熱い泪の滴が落ちる　愛も情もこの海にあ落ちて行かうよ」との歌詞が掲載されていた。

高福寿《コボッス》は「エヤノヤノヤ」を朝鮮語で歌い、南仁樹《ナムインス》は「大陸世帯《テユクセテ》」を独唱し、その歌詞は「黄金の曙旭日を浴びて築く二人の新な世界　力と愛に大地は明けて広い大陸　今日からわが家」と、日本の中国侵略を賛美する内容であった。

李花子は「金剛山牧童」を歌い、その内容は「黄昏の野良道を牛を牽いて家路に帰る牧童が　流れ来る娘達の芝笛の音に新妻恋しく牛に鞭つて歩を早める」という意味であった。

金貞九は「私夜店のワンタン屋」を歌い、歌詞は「私夜店のワンタン屋　お嬢さん　ワンタン買ふよろし　お国のお嬢さん綺麗ある　仲々綺麗ある別嬪さん　私お嬢さん好きあるな　胸の中から苦しく苦しく　苦しあるよなお嬢さん　私未だ若いある　お国のお嬢さん、嫁に来る誰かある、ないか」と、これも中国に対する日本の侵略が垣間見える歌を歌った。

朝鮮楽劇団の花形スター、李蘭影はトリで「別れの舟歌」を歌い、その歌詞は「浪路遥か船は去り　君が舟歌消えていく　泪ためて見送る　今宵心のこりな月明り」と、植民地支配により異国へと旅立つ朝鮮人の悲哀を思わせる歌を熱唱した。

3　朝鮮楽劇団の進むべき道

太極旗掲揚事件

朝鮮楽劇団の日本公演は成功裡に行われていたが、楽劇団存亡の危機を迎える事件が起こる。それは裵亀子が過去の舞台で行った太極旗掲揚事件に類似するものであったが、中国との戦争が泥沼に陥る時局下で起こったことから、警察当局の取り締まりはより苛烈なものとなった。

「大阪毎日新聞」一九三九年四月一日の広告記事によると、大阪新世界の花月映画劇場にて、「ハントウのショウボート！」と題する、朝鮮楽劇団の関西初公演が開催された。当時の新聞広告記事には、「堂々三〇余名の半島生粋の音楽大舞踊団！」の触れ込みで、「朝鮮古来の詩的原色の大夢幻境！　一流の唄姫が織り出す大絵巻！」のうたい文句が踊った。そして、「興亜の春と共に開く！　端麗麓雅の半島原色版！」と続き、「C・M・Cジャズバンド数十名　OKレコード吹込み芸術家総出演」として、「李花子、張世貞、金貞九、南仁樹、高福寿、李蘭影、孫牧人」らの名前が挙がり、「春鶯賦一二景」が披露されることになっていた。

また、「大阪朝日新聞」一九三九年四月二一日の広告記事では、大阪花月劇場にて「四月二一日よりC・M・Cジャズバンド大演奏　朝鮮楽劇団の公演」と銘打って、「帝都公演にて折り紙づけられ溌剌西下公演！　朝鮮古典音楽とジャズ、唄と踊りの楽劇団！」と紹介された。そして「春鶯賦」は二一幕に変更となり、他に「吉本巨笑を晴るまんざい」として、エンタツ・アチャコらの名前がラインナップされた。また、「北支慰問土産」として、「漫才と兵隊、四景」も同時上演された。

戦時下であったにもかかわらず、華やかで民族色溢れる舞台であったことには驚くが、そこで事件は発生した。

当時の「特高月報昭和一四年四月分」に「不穏舞台装置使用の朝鮮楽劇団の公演取締状況」の見出しで、次のように記されている。

京城府南大門通一丁目一〇四所在帝国蓄音機株式会社朝鮮語版O・Kレコード会社（通称朝鮮楽劇団）は三月十日より五月十日迄大阪市南区東清水町所在吉本興業会社と契約を締結し文芸部責任者李哲《イチョル》を指導統率者として楽劇部員二十八名を内地に派遣し、以来東京、名古屋、大阪、京都等各地を巡業中なるが、其の演劇中舞踊「僧舞」

は舞台背景に旧韓国旗を模造せる図案を以て装置し巧に朝鮮人観客の所謂民族的意識の機微を窺ひ居るものの如く注意を要するものありたり。而して本月二十一日より大阪市所在南海花月劇場に於ても叙上装置により演出せるが、先之大阪府に於ては管下に於ける在住朝鮮人は二十四万余を算し観客も相当数に達すべく、右旧韓国旗を掲出せる演劇を観覧せば殊更に其の潜在的民族意識を喚起する雰囲気に浸潤せしむる結果を招来するを考慮し、現下内鮮一体を強調する時局に於て之を看過し得ずと為し、右演出後直ちに警告を発し該舞台装置を諭旨撤去せしむる一方右演出責任者たる、李哲当三十五年、金用活《キムヨンファル》当三十二年、金尚鎖《キムサンヂン》当三十四年を招致し該舞台装置を為せる推移につき程調べたる結果、本名等は本興行に際し吉本興業側より「濃厚なる朝鮮色彩の描出方の希望ありたる」に乗じ協議の紡果予て大正八年本名等が感傷的少年時代に於て所謂朝鮮独立万歳騒擾事件に際し当時街頭デモの群集が、紙、布片等に旧韓国旗を描き之れを駱して独立万歳を高唱しつつ行進せるを目撃し痛く感激せる事ありたる処より之を想起し、旧韓国旗を掲出するに於ては強く朝鮮色彩を表現し、且観客の朝鮮民衆をして潜在的民族意識の雰囲気に浸潤せしむるを得べしと為し該装置を為せる事実判明せり。更に右演劇を観覧せる観客より劇団に宛て別記の如く「我々朝鮮同胞の慰安は数十の内地演劇を観覧するより只一つでも如斯演劇を観賞するに如かず」云々等と多数の激励文を寄するものありたるに徴するも斯の種演劇の朝鮮人民衆に及ぼす影響深刻なるものあるを認められ将来取締上相当留意の要あるものとす。

「特高月報」によると、朝鮮楽劇団の公演では太極旗に似た文様の太鼓が使用されていたが、東京、名古屋等での公演では特にとがめられなかった。しかし、大阪は朝鮮人の密集する土地柄で、観客も朝鮮人の数が多かった。そうした状況で、朝鮮の民族色が濃い歌や踊りで熱狂する人々が、失われた国の象徴である太極旗を目にした場合、民族意識を鼓舞させかねないと警察当局は判断したのであった。

警察当局が恐れたのが、一九一九年の三・一独立運動の再来で、朝鮮人は手に手に太極旗を掲げ、「朝鮮独立万歳」を叫んで、日本の植民地支配からの独立運動を朝鮮全土で繰り広げた。中国との戦争が総力戦となる中、朝鮮人が独立心を高めることは戦争遂行にとって大きな障害となり、警察は徹底的に取り締まる方針であった。

朝鮮楽劇団の幹部逮捕の報に、あわてて京城から飛んで来た李哲も、留置され取調べを受けた。李哲は吉本興業から、「朝鮮の民族色を全面に打ち出す公演をするように」と依頼されたとの旨を供述した。これは何も吉本が「朝鮮の文化」を理解したから朝鮮楽劇団に朝鮮の歌や踊りをフィーチャーさせたのでは決してなかった。吉本は朝鮮楽劇団の公演目当てに大阪在住の朝鮮人観客が多数押し寄せることを期待したのであり、それが吉本の利益増に直結すると計算したからだ。だから李哲に朝鮮楽劇団のやりたいようにさせたのであり、それが太極旗をセットにした舞台設定となった。

この事件を機に、警察からの命令で、今後は太極旗に似せた図案の舞台装置が「諭旨撤去」されることになり、太鼓の使用は禁止され、民族舞踊も取りやめることになった。

朝鮮楽劇団に魅了されて

一部朝鮮の文化披露が制限されたとはいえ、吉本と李哲の思い通り、朝鮮楽劇団の公演は好評で、二カ月間のロングランとなった。観客の朝鮮人は期待通り熱狂し、劇場に押し寄せた。「特高月報」には、当時の様子について、劇場に足を運んだ三名の朝鮮人観客の証言が掲載されている。

西成区　梁《ヤン》

（前略）我々半島の同胞は故国三千里を捨て玄海灘を渡り数千里の海山を越えて異郷の地、此の産業都市、大大阪を第二の故郷とし何等の慰安もなく日夜労働に従事して居るのであります。内地在留の同胞に対して慰安となるべきは何よりも故国三千里江山の風物であらぬばなりません。数百数千の映画や劇よりも同胞人の手になる三千里江山の風俗と四千年来の芸術であります。それは不味くとも我々同胞人の手になるものに優るものはないのであります。熱烈なる皆様の公演振りを見忘れられて居た三千里江山の風物を目辺り見、四千年の歴史を思ひ出されて来るのであります。噫三千里江山の行先や何処只僅かに今日皆様の熱烈な姿を見て故国三千里には未だかうした事が健全であり将来益々凡ゆる迫害に打勝って朝鮮の芸術のために奮闘せられん事を切望致候也。

三宅重夫（鮮人）

（前略）斯うした公演が好かれ悪かれ異郷の地に在って見ると言ふ事は全く感激に堪へないものがあるのであります。私自身の過去はひそめる感傷や懐古的なものが先立ちさうして又切に興行的にも成功を祈らずには居られない気持になるのであります。内地の人々に（客観的に）はどう写るだらう？　等々が心配と言ふか、何かしらまるで私自身の事の様に気を使はずには居られなかったのであります。何卒我三千里江山の悠久四千年の歴史を益々江湖に展開されん事を切望して止まぬものであります。

金永銖《キムヨンス》

（前略）諸先生東京へ来て目的を達成し、大いに我が三千里同胞の唯一の楽団としての名誉を挙げられん事を祈りて止まない次第であります。我々も朝鮮人である以上何と言っても故郷の美しき皆様に接した事は感激する所であります。あの服装の万事行届いた簡単なそして美しい衣装に付ては我々友達の中でも良く威張って居るのであります。殊に中間の幕と最後の一緒に歌った時の舞台の白衣を纏った女史は実に女神の様に三千里全体の光明の様に思はれ何かしら忘れられて居た我国のものが思ひ出されて来ました。それは我々朝鮮人として当然の感激であると言はねばならないと思ひます。大いに三千里江山のため頑張って下さい。

朝鮮楽劇団のショウを観るために劇場に詰めかけた朝鮮人は、異口同音にその素晴らしさを絶賛した。それは官警資料である「特高月報」からも明らかである。日本に居住する朝鮮人は、朝鮮楽劇団が演奏する故郷の音楽や舞いを五感で体感することで、異郷暮らしであっても自分が生まれ育った故郷に想いを馳せるのであった。

石川啄木は「ふるさとの　訛なつかし　停車場の　人ごみの中に　そを聴きにゆく」という有名な短歌を詠った。日本人なら誰しも共感できる歌であり、石川の故郷に対する想いは、異郷暮らしの人にとって切なく響くであろう。

朝鮮楽劇団の奏でるメロディーは、在留朝鮮人に望郷の念を呼び起こすにとどまらず、植民地支配により奪われた「祖国」に対する熱い熱情をかき立てた。それは朝鮮民族のナショナリズムを覚醒、刺激する契機ともなり得た。実際に公演に感激した在日朝鮮人が、「忘れられて居た三千里江山の風物を目の辺り見、四千年の歴史を思ひ出されて来る。将来益々凡ゆる迫害に打勝って朝鮮の芸術のために奮闘せられん事を切望」といった手紙を朝鮮楽劇団員に送ったのである。

朝鮮楽劇団による朝鮮民族色濃い催し物は、日本の官警からすれば、朝鮮の植民地支配からの脱却を鼓舞し、民族の独立につながると危険視されるものであった。当然、宗主国である日本がそうした演芸を許すはずはなく、朝鮮楽劇団の公演は取り締まりを受けたのである。

言い換えれば、「民族の独立」までもショウビジネスと捉える吉本の戦略があったからこそ、日本の地において朝鮮楽劇団のパフォーマンスが花開いたのであった。

第5章　朝鮮楽劇団と松竹興行

1　個性あふれる朝鮮楽劇団の面々

朝鮮楽劇団のスターたち

オーケーレコードの歌手が中心になって結成されたのが朝鮮楽劇団であり、レコード発表と巡業公演という現代の芸能コマーシャリズムに通じる宣伝タイアップを確立したのが、社長の李哲《イチョル》であった。李哲の先見の明ともいえる経営戦略の下、才覚に満ちたエンターテナーが朝鮮楽劇団に集うことになる。歌手では金貞九《キムヂョング》以外にも李蘭影《イナヨン》、張世貞《チャンセヂョン》、南仁樹《ナムインス》、宋達協《ソンダルヒョプ》、李花子《イファヂャ》らそうそうたる花形スターが綺羅星の如く勢ぞろいし、彼らは皆、植民地支配解放後の祖国でも芸能界で不動の地位を築くことになる。

金貞九（CD「金貞九誕生100周年記念　金貞九足跡集」表紙より）

また、曲作りにも、作詩の趙鳴岩《チョミョンアム》、作曲の朴是春《パクシチュン》、金《キム》海松《メソル》、孫《ソン》牧人《モギン》、宋《ソン》熙善《ヒソン》ら才能あふれる人材が結集し、朝鮮楽劇団の黄金時代を下支えした。

文化勲章受章歌手、金貞九

まずは朝鮮楽劇団の看板歌手である金貞九について触れておく。

金は植民地支配からの解放後、韓国では一九八一年に文化勲章を受け、ベテラン歌手として彼の名を知らない者はないほどの有名人となった。

一九一六年七月一五日、咸鏡南《ハムギョンナム》道《ド》・元山《ウォンサン》に生まれ、父はトタン製造業、母は熱心なクリスチャンで教会の聖歌隊員であった。

金貞九は、アメリカ人宣教師が校長であった元山のミッションスクールに入学したが、兄がバイオリニストであったことから、その影響で兄からバイオリンを習った。また、母と共に通った教会で聖歌隊に加わり、歌ったところ、その美声が人々の注目の的になった。

この教会へは姉の金安羅《キムアンラ》や、その後歌手となった申《シン》カナリヤも通っていた。

姉の安羅は東京の東洋音楽学校へ留学し、卒業後ショウの歌手となり、吉本興業のショウにも出演していた。一九四五年、朝鮮の植民地支配からの解放後、釜山《フサン》へ帰った金安羅は、その地で生涯を終えることになった。一方、金貞九は成長するに及んでその才能を開花させ、オーケストラや合唱隊の一員として、音楽人としての道を歩んだ。

金貞九を元山から京城へ連れて行ったのは、兄の友人の金蘇東《キムソドン》で、この人物がニュー・コリア・レコードという新会社へ彼を売り込んだのであった。このレコード会社は金の歌声のテストをしたが、一ぺんで気にいってしまった。そして兄の金竜煥《キムヨンファン》が作曲した歌によってデビューし、これがヒットして、たちまち稀代の新人歌手として騒がれるようになる。

それまでトタン製造業の貧しい元山の一青年が、突如として京城で家を二軒ほども買える月収を得ることになった。一躍スターダムにのし上った金貞九を京城の芸能界が放っておくはずがなく、当時一流会社であったオーケーレコードが金をスカウトした。

金貞九の出世作は、一九三六年に録音された「涙にぬれた豆満江《トゥマンガン》」である。歌詞の内容には、抗日独立運動に参加していた夫を偲ぶ妻の心情が描かれていた。

朝鮮から満州へ国境の川である豆満江を渡って活動していた夫が、日本人憲兵に捕まった。夫の安否を確かめようと、妻も豆満江を越えて夫が収監されている刑務所を訪ねたが、夫は既に銃殺された後であった。夫を奪われ、国を奪われた妻は、豆満江のほとりで悲しみに打ち震えた——その歌詞が多くの朝鮮人の共感を呼び、大ヒットした。

朝鮮総督府の学務局は、「涙にぬれた豆満江」の歌詞が朝鮮人の民族感情を鼓舞し治安を乱すという理由で、禁止曲として取り締まった。しかし、この歌には亡国の民の想いが託され、民族の悲哀が歌詞に込められていたことから歌い継がれ、朝鮮王朝時代の王族も、金貞九が歌うこの歌に涙することになる。

「木浦の涙」李蘭影

朝鮮楽劇団の看板スター・李蘭影は、本名を李玉礼《イオンレ》といい、全羅南道《チョルラナムド》・木浦《モッポ》の生まれであった。後にアメリカに移住した兄の李鳳竜《イボンニョン》と共に歌に生きた兄妹で、オーケーレコードの社長・李哲に認められてオーケーレコードへ入り、「木浦の涙」で大ヒットを放つ。この歌は、作曲家・孫牧人の若き日の傑作で、解放後木浦に「木浦の涙」の記念歌碑が立つほどであった。

木浦出身を代表する人物と言えば、死刑囚から大統領に上りつめた韓国民主化運動の闘士・金大中《キムデヂュン》や、一九七〇年代の抵抗詩人・金芝荷《キムヂハ》らが思い出される。この地は代々、中央

李蘭影「木浦の涙」レコード（1937 年発売）
（「朴燦鎬コレクション」 50 頁より）

政府から圧迫を受け、野党気質の人物を輩出することが多かった。とはいえ、全羅南道は朝鮮半島を代表する穀倉地帯であり、漁業も盛んに行われている。土地の人々は争いごとを好まず、互いに協力して生活を営んでいた。全体的に人柄は温厚で、親しみやすい気質を有していると言える。

李蘭影も人柄は明るく、優しい歌声で人々を魅了し、愛され続けてきた。以前は、年配の韓国人が「イ・ナヨン」と優し気にその名を呼ぶと、口元はほころび、目は輝きを増すほどであった。

木浦の李蘭影のすぐ近所に住んでいた男性は、「明るく気立てのいい娘でね。それにしてもあの歌、よく歌ったなあ」と懐かしがり、「木浦の涙」を、ほほ笑みながら小声でゆっくりと、幼子をあやす子守歌のように口ずさんだ。

　埠頭の娘の濡れるすそ　別れの涙か　木浦の悲しみ

一九三五年、一八歳の初々しい歌手・李蘭影が歌う「木浦の涙」の感動は朝鮮全土を揺さぶった。「木浦の涙」は発売されるや口コミが広がり、レコード店では客が購入しようと連日列をなした。京城の繁華街、鐘路《チョンノ》の蓄音機店では、昼夜を分かたず「木浦の涙」が掛けられたことから、店の前では陳列棚に掲げられた歌詞でこの歌を覚えようと、黒山の人だかりでごった返した。

その余波は満州から日本にまで及ぶ。このレコードで前人未到の一〇万枚を売り上げたオーケーレコードは、つぶれかけていたところを生き返る。しかし、売れ過ぎた故に「木浦の涙」は、日本の警察から目をつけられることになる。「木浦の涙」の歌詞は愛する人との離別を歌ったものだが、「三柏淵　願安風は」という部分が、朝鮮語で「三百年　恨みをこめた」と韻を踏んだように聞こえるとの理由だった。だが皮肉にも、検閲を受けたことにより「木浦の涙」はますます人気が出たという。

その頃、木浦の人々から、中国大陸の大連へ、上海へと流浪の民が相次いだ。

黄海に面した地方の港町・木浦は当時、活気にあふれた朝鮮六大都市のひとつだった。「三白《サムペク》」と呼ばれた全羅南・北道の特産品である綿、米、塩が木浦港を沸き返らせ、とりわけ原綿は、兵庫県下の尼崎、西宮の紡績工場を潤した。

李蘭影を知る男性は語る。

「李蘭影の父は町の紡績工員をしてましてね。肺をわずらい、彼女と兄を残して三〇過ぎで死ぬんですよ。そりゃ、母親の苦労は大変なものだった。でも、李蘭影は貧乏なわりに暗い陰などちっともなかったね」

一六歳の時、巡業に来ていた楽団に歌の才能を見込まれた李蘭影は、京城に出た。朝鮮楽劇団に所属してからは、楽団員を取りまとめる姉御肌で、同じく楽団員の作曲家・金海松と結婚、七人の子供を生んだ。

李蘭影の最初の夫、金海松は作曲家であるとともに歌手でもあり、編曲もこなすオールラウンドプレイヤーとして活躍した。金海松の手掛けた作品は、「連絡船の唄」「駅馬車」等多くのヒット曲となり、韓国歌謡史上に大きな足跡を残した。金海松はジャズの編曲にも長け、楽劇風の作曲も巧みで、マルチな才能を有していた。楽劇団の巡業ではコンサートマスターの役割を発揮し、バンド内における彼の統率力は高く、楽劇団員からの信頼も厚かった。

張世貞、1939年に発売された「アガシ読本」
（「朴燦鎬コレクション」 134頁より）

「連絡船は出て行く」張世貞

半夜月《パンヤウォル》作詞、金海松作曲の「連絡船は出て行く」を歌った張世貞は、平壌《ピョンヤン》出身の美しい歌手であった。京城の和信《ファシン》デパートの事務員をしていたところをスカウトされて、オーケーレコードからデビューした。

「純情歌姫」という肩書きで売れっ子になったが、日本へ来て、声楽家・原信子に師事した。日本でも美しい声と確かな唱法で人気を博した。社長の李哲がその歌に惚れ込んで、終いには愛人にしたため、楽劇団内部でのもめごとにまでに発展した。

汽笛鳴る鳴る　連絡船は出て行く
元気でね　達者でね
涙で濡れたハンカチ

ただあなただけを愛するゆえに　涙をのんで行くの

張世貞が一九三七年に大ヒットを放った「連絡船は出て行く」は戦後、菅原都々子が歌い、どこか伊豆の大島の娘心でもつづったような哀切な調べで日本人を魅了した、「連絡船の歌」の元歌でもある。

「ちょうど石川さゆりのような澄んだ声の清純な感じの娘さんでしたよ、張世貞は」と、植民地下の京城の大劇場・明治座で支配人を務めていた田中博は語った。演歌ではなく、セミ・クラシック調の歌謡を得意とした張世貞は、庶民より少し裕福な階層のファンが多かった。しかし「連絡船は出てゆく」は、庶民もインテリも、わずかながら残されていた富裕層も、すべての朝鮮人の心をとらえて離さなかった。

一九〇五年に開設された下関〜釜山間を就航する関釜連絡船は、日本と大陸を結ぶ最重要航路としてフル稼働した。「金剛丸」「天山丸」等、当時の最新型巨船が運航され、敗戦まで実に三一〇〇万人を往来させた。

土地を奪われ、植民地下の生活苦にあえぐ朝鮮人の日本渡航は年を追って増加した。「連絡船は出て行く」が世に出た一九三七年には年間一二万人。その二年後に始まる強制連行では、敗戦までに計七二万人。そのほとんどが連絡船で玄界灘を渡ってきた。

釜山の波止場でハンカチを振って恋人に別れを告げるふうな、センチめかした歌謡曲が全朝鮮を揺さぶった背景には、こうした時代状況があった。

一四歳の時、連絡船で日本に渡って来たという在日コリアンが当時を回想した。

「日本人、なかでも軍人はみな上のデッキ。私ら朝鮮人はみな下のデッキに乗せられました。私や家族は一番下の船倉で、スクリューの大きな心俸がすぐ横にある。ゴトゴトひどい振動でしたな」

張世貞の「連絡船は出て行く」は、故郷を離れざるを得なかったコリアンの痛切な心情を代弁したかのように幅広い人々に愛され、歌われてきた。この歌を聴けば、あの頃の時代が甦る――「連絡船は出て行く」は在日コリアンにとって特別な意味を持つ歌であった。

朝鮮楽劇団を支えた裏方たち

朝鮮楽劇団は歌手や踊り子だけで構成されていたのではなく、作曲家やバックバンドの裏方が楽劇団を支えていた。彼らは一見陽の当たらぬ陰の存在であったが、じつは楽劇団のフロントマンを超えるマルチな才能に溢れていた。彼ら裏方なくしては、朝鮮楽劇団の輝きはあり得なかったのである。

朴是春《パクシチュン》は「韓国の古賀政男」といわれた代表的作曲家で、民衆の喜怒哀楽を二千余曲の歌で表現した。慶尚南道《キョンサンナムド》・密陽《ミリャン》出身で、一五歳の時に順天《スンチョン》で無声映画館のチンドン屋の太鼓叩きから出発した。釣りが趣味で、よく海に釣りに出掛けていたという。

オーケーレコード時代はギターを弾き、新曲を作るのに多忙であった。一九三〇年代の人気歌手・南仁樹と組んで、多くのヒット曲を生み出し、代表曲に「哀愁の小夜曲」「青春夜曲」「新羅《シルラ》の夜」「雨降るコモリョン」等がある。

韓国音楽著作権協会会長をつとめた趙春影《チョチュニョン》も、朝鮮楽劇団のバンドの一員であった。朝鮮楽劇団は洋楽器だけでなく韓国の民族楽器もこなし、それがショーの演出の一環となっていた。たとえば、はじめは僧舞を民族楽器で踊っていたが、パッと衣裳を脱ぎ棄てると、肌もあらわにリズミックなモダンダンスへと早変わりするという演出が出来たのも、楽団の演奏力によるものであった。

朴是春　（「韓国映画と大衆歌謡、その100年の出会い」（韓国映像資料院）15頁より）

宋熙善《ソンヒソン》は楽団のクラリネット奏者

であると同時に、優秀な作曲家でもあった。彼が書いた「フンブとノルブ」は、ミュージカルの作曲としても優れたものと評価された。

2 朝鮮楽劇団、松竹の舞台に立つ

松竹映画と朝鮮人

吉本と並ぶ興行会社といえば、現在もそうであるように松竹であろう。ただし、現在の松竹芸能は戦後に松竹が出資してできた会社であり、戦前の松竹は、演劇興行に端を発し、映画製作に進出した会社である。この戦前の松竹の活動にも、朝鮮の芸術家や映画人がかかわっていた。

一九四一年、日本の真珠湾奇襲によって太平洋戦争開戦となった年、京城と呼ばれていた今の韓国ソウル特別市にある繁華街、明洞《ミョンドン》で人気絶頂の朝鮮楽劇団の公演が行われた。

当時の世情は、後に首相となり太平洋戦争開戦を決定した東條英機が戦陣訓を示達し、国家総動員法が改定される等、米英との戦争に向かって着々と準備がなされていた。そうした中、朝鮮も戦争に向けて大陸兵站基地としての役割を担わされ、「内鮮一体」のスローガンの下、皇国臣民化運動が強化され、朝鮮人も「志願兵」として戦争に動員されようとしていた。

この志願兵募集を当て込んで映画を作ろうという企画が立ち上がり、それを持ち込んだのが、日夏英太郎であった。日夏は一九一二年生まれで、本名は許泳《ホヨン》という名の朝鮮人であった。

日夏の学歴等は不明で、一九三〇年代の初頭、京都マキノ御室撮影所に入り、助監督兼シナリオライターをつとめていた。人柄の良さから先輩たちに愛され、二川文太郎監督の推薦で一九三三年、松竹下加茂撮影所へ移る。ここで助監督をつとめ、一九三七年、衣笠組の「大坂夏の陣」撮影に携わった。

その後日夏は、崔承喜《チェスンヒ》主演、今日出海監督の「半島の舞姫」の撮影に協力したことから、故郷の朝鮮で映画を作りたいと思うようになる。そうして製作されたのが、一九四一年七月、日本軍部内の朝鮮軍報道部による映画「君と僕」であった。

内容は、朝鮮人志願兵で初の戦死者となった李仁錫《イインソク》をモデルにして「内鮮一体」を喧伝するもので、朝鮮人を戦場へ動員することを目的としていた。「君と僕」には、満州映画の花形スターであった李香蘭こと山口淑子や、戦後北朝鮮に帰国するオペラ歌手の永田絃次郎こと金永吉《キムヨンギル》、そして「朝鮮の名花」と呼ばれた女優の文藝峰《ムンエボン》ら幅広いジャンルのスターに加えて、特別出演として朝鮮総督の南次郎や板垣征四郎が実名で登場していた。

日夏は松竹の女優と結婚し子供をもうけたが、「君と僕」の撮影終了後、インドネシアのジャワ派遣軍報道部の軍属として派遣され、その地で日本軍のオーストラリアに対する謀略映画を製作した。日本の敗戦後も彼はジャワにとどまり、ドクター・フュンの名でインドネシア独立運動に映画人として関わり、その後は祖国に帰ることなく、彼の地でその生涯を終えた。

敏腕プロデューサー、李哲

吉本興業での公演を足掛かりとして、日本において絶大な人気を得た朝鮮楽劇団。客を呼べるスターならば、ライバル興行会社が引き抜いてもおかしくはなかった。朝鮮楽劇団は芸能興行から引き抜かれるほど、ドル箱スターに成長していたのであった。朝鮮楽劇団に食指を動かしたのが吉本のライバル、松竹であった。

当時明治町と呼ばれていた京城の明洞界隈は、戦時下とは思えない別世界で、朝鮮楽劇団が堂々と朝鮮の伝統文化をアレンジした踊りや歌を披露していた。そこにあった明治座は松竹封切館で、田中博という京城出身の日本人が仕切っていた。松竹は映画とタイアップした朝鮮楽劇団の公演により人気を得、莫大な入場料収益を上げていた。

松竹としては、売れっ子の朝鮮楽劇団と専属契約を結んで、興行を行いたい思惑があった。ただ、朝鮮楽劇団は既に一九三九年に吉本興業とタイアップして、日本で爆発的な人気を博したメジャーな一流楽劇団であった。それだけに契約は難航し、松竹は頭を抱えていた。

この朝鮮楽劇団は人気があった故、一筋縄では扱えない一流のスターたちが圧倒的な存在感を醸し出していた。映画はただ映画館でフィルムを上映すればそれで終わりであるが、公演となればそうはいかない。生身の人間が生で演じることから、当然あれやこれやと出演に際し、注文をつける。出演者が駄々をこねれば、担当マネージャーがなだめすかせて舞台に立たせるのであるが、朝鮮楽劇団の場合、最も扱いにくかったのが、他ならぬゼネラル・プロデューサーの李哲《イチョル》であった。

李哲は、禁止されていた朝鮮伝統芸能を公演のモチーフとして扱う等、朝鮮総督府との交渉の修羅場を渡り歩いてきただけあって、松竹という大物興行主を前にしても一歩も引き下がらなかった。

松竹と李の公演に関する見解はすれ違っていた。松竹の言い分は、ショーの内容はいいのだが費用がかかる。松竹側としては製作費は安い方がいいから、李の企画するような大作は要らない。安直なショーだけで十分というのであった。李哲はと言うと、明治座でな

朝鮮楽劇団団長・李哲と夫人
（「友情千里　2017CALENDAR」より）

ければ大作を上演することは出来ないから、まずはここで大作を創作して、後は縮小しながらも各地で公演するという自前の興行スタイルを頑として譲らなかった。

両者とも自らの主張を押し通し妥協することがなかったことから、仲介役として、当時東和商事（後の東宝映画社）に勤めていた佐藤邦夫に白羽の矢が立った。

佐藤は単身京城を訪れ、李哲と会うことになった。李哲は、オーケーレコードの社長も務めており、そこに所属するアーティストで構成された朝鮮楽劇団を始めとするショーを企画・上演する、朝鮮演芸株式会社の社長でもあった。李哲は芸能界の総合プロデューサーであり、今で言うなら女性アイドルグループを多数仕掛ける秋元康的な存在であった。

植民地支配の朝鮮で、日本による様々な干渉はありながらも、伝統芸能を一大大衆娯楽へと育成した李哲の果たした役割は、一〇〇年前の出来事とは思えないほど先見の明に優れていた。もっとも、李哲は社長とはいえ、オーケーレコードの経営権をテイチク・レコードに売却したことから、利潤の多くが日本の資本に吸い上げられていたが。

李哲と佐藤邦夫は明治座の喫茶室で初対面となった。佐藤の機先を制して、李は開口一番、こう切り出した。

「あのね、日本の皇室は朝鮮から祖先が行ったということを知っているでしょう」

佐藤が呆然として無言のままでいると、李は「あなた日本書紀に書いてあるのを読んだでしょう」とたたみかけた。

佐藤はというと、日本書紀など読んだこともなく、ましてや皇室に朝鮮人が入っているとは思ってもみなかった。李のペースにすっかり巻き込まれて、佐藤は李の話をただ聞くほかはなかった。

李は続けて、

「あのね、百済が新羅に負けて、その時三千人の宮女が白村江へ身を投じたことは知っているでしょう」

「その話を楽劇化したのが、朝鮮楽劇団の『落花三千巌』という演し物でね、これが大ヒットでした。つまりね、この時、百済の落人が日本へ逃げて、そのまま皇室へ入った、これは歴史的事実ですわね」

「そういう話を基にして立派な楽劇を制作して、明治座で上演した。松竹が感謝しているのは当然ですわね」

話を聞きながら佐藤は、李の言葉にうなずく一方で、朝鮮楽劇団はますます大作志向を強めるに違いないと危惧した。そうした佐藤の気持ちを察したのか、李は、

「残念ながら今はそういう大作でなく、アトラクションのショウしかやっていない。それでもま、見て行きなさい」

と話すや、席を立った。

正に問答無用の対応であったが、佐藤は李の言葉通り、まずはショウを見ることにした。ところが、これが日本人の佐藤にとっても面白く感じられた。楽団はジャズの編成だが、突然、民族楽器編成になって民族舞踊が登場し、李蘭影の「木浦の涙」や張世貞の「連絡船」といった歌が披露された。二人とも圧倒的な歌唱力で佐藤をうならせた。佐藤によれば、実に説得力のある歌い方で、これだけの歌手はそうざらにお目にかかることはないことだった。

また、金貞九や李福本《イボッポン》のコメディアンとしての才能にも、佐藤は惚れ込んだ。佐藤はこ

楽劇団でタクトをふるう李哲
（「大韓民国歴史博物館所蔵資料集２トランペット演奏者玄景燮」93 頁より）

れを内地へ持ってゆきたいと思うほど、いつの間にか朝鮮楽劇団の虜となっていた。

朝鮮楽劇団の素顔

佐藤邦夫は連日、半島ホテルから明治座へ通っているうち、思いがけないことに気が付いた。それは毎日の実演開演前に点呼すると、欠演者がいることであった。ある時には楽団のメンバー、またある時は朝鮮の伝統楽器を奏でる楽士が出てこない場合があった。それでも公演は滞りなく行われる。

例えば、ピアニストが来なければ誰がピアノを弾くのか。そうした時は、李哲社長が自らピアノを代奏するのであった。

李はサキソフォン、トランペット等、楽器ならなんでもござれ、器用にこなせる技量を持っていた。彼は一九二〇年代、延禧《ヨンヒ》専門学校に通っている頃から、ジャズバンドでサックスを吹いていた経歴を有していた。李哲の多彩な才能により、楽団に欠員が出たところで穴があくことはなく、普段通り上演することが出来たのであった。

ちなみに、映画「アリラン」を監督した羅雲奎《ナウンギュ》と詩人として絶大な人気を博している尹《ユン》東柱《ドンヂュン》も、延禧専門学校に在籍していた。李哲は一九〇三年生まれで、羅雲奎の一歳年下であった。お互い芸術家を志向する者同士、学生時代に何らかのつながりがあったのかもしれない。

また、ドラマ等では代役が豊富で、欠員が出てもちゃんと演じることが出来るほど、役者が揃っていた。さすがに李蘭影や張世貞のようなスターたちは休まずに出てくるが、あとは当日になってみないと判らないというある意味行き当たりばったりの有様で、この点は日本の公演では考えられないコリアン・スタイルであった。特に、ギャラ支給の翌日に欠演者が多いということにも、コリアン流が貫かれていた。

それでも十分に楽しませてくれるので、客から文句がつけられる様子はなかった。

チョゴリ・シスターズとアリラン・ボーイズ

李哲は一九三二年、オーケーレコード会社を設立し社長に就任した。翌三三年から会社に集う楽団員を中心に「オーケーレコード演奏団」として出帆、公演活動を開始した。一九三六年からは、「オーケーグランドショウ」という名で、演奏にバラエティを持たせた。バンドとして演奏活動が本格化するとともに、李哲は楽団を軸に演奏活動に幅を持たせようと、「オーケー舞踊学院」を設立した。そのねらいは、レコードの売上げは親企業のテイチクに押さえられていることから、収益を上げるには商品となる楽団の歌や演奏だけでは先細ると予測したのであろう。学院で楽団のファミリーを養成し、将来楽団を担う人材を発掘するとともに、裵亀子《ペクチャ》歌舞劇団のようなダンス部門にも進出しようとしたのであった。

李哲の戦略は、今の芸能事務所のような、アイドルのマネージメントと並行して育成部門を設け、姉妹グループを次々とデビューさせるという、永続的な拡大路線の先駆けとも言えた。

李哲の本気度は、オーケー舞踊学院の舞踊教師に、裵亀子や崔承喜《チェスンヒ》も師事した石井獏の弟子である金敏子《キムメヂャ》を起用したことからもうかがえた。

実際、オーケーグランドショウでは、金敏子指導によるオーケー舞踊学院生によるバッ

朝鮮楽劇団の演奏をバックに踊るオーケー舞踊学院の研究生たち
(「大韓民国歴史博物館所蔵資料集2トランペット演奏者玄景燮」101頁より)

クダンスを披露し、後このバックダンサーたちは「チョゴリ・シスターズ」の「処女合唱」としてソロ・デビューを果たす。このチョゴリ・シスターズには、後年朝鮮楽劇団の看板歌手となる李蘭影や、宝塚歌劇団に在籍していた洪清子《ホンチョンヂャ》、OSK日本歌舞団出身の李俊嬉《イチュニ》らが所属し、華やかなステージを彩った。

この頃、吉本ショウでもバラエティーショウが全盛で、チョゴリ・シスターズのような女性ユニットグループが誕生していた。一九三九年、ジャズコーラスとハワイアンを得意としたフリーダ南とラウラ南、マリーネ南の三姉妹による「スリー・シスターズ」がデビューした。負けじと男性グループも気を吐き、「ザツオン・ブラザース」なるカルテットが結成され、「ボーイズ物」と呼ばれる演芸が新境地を開いた。

そして、本体のオーケーグランドショウは、一九三九年の日本公演を機に朝鮮楽劇団の名称を使用するようになり、吉本の舞台を基盤にして日本での活動を本格的に開始する。

李哲は、一九三六年にレコード会社の経営権をテイチク・レコードへ売ってしまった代わりに、テイチクの文芸部長に就任していた。テイチクの傘下になったオーケーレコードには、テイチク本社から若いディレクターが出向していた。このディレクターは茂木大輔といい、彼は張世貞の「連絡船」の歌を聴いて、すっかり朝鮮歌謡に魅了されてしまった。そして、この歌の日本語盤化を企画したのであるが、これが前述した菅原都々子の「連絡船」であった。

このレコードがヒットしたので菅原都々子の方が有名になってしまったが、オリジナルは張世貞である。作曲は李蘭影の夫・金海松であり、金は後に吉本興業に所属し、当時人気のボードビル・グループ「あきれたぼういず」にあやかった「アリラン・ボーイズ」というインパクトあるユニット名で日本公演を行うことになる。アリラン・ボーイズには、朝鮮楽劇団で作曲を担当した朴是春も加わり、多彩な芸を披露した。

「あきれたぼういず」も「スリー・シスターズ」同様、吉本ショウから派生したカルテットであった。「あきれたぼういず」はアメリカのジャズコーラス「ミルス・ブラザー

チョゴリ・シスターズ（向かって左端が李俊嬉、真ん中が李蘭影、その右隣が張世貞）
（「友情千里　2017CALENDAR」より）

アリラン・ボーイズ（向かって右端が朴是春、その左隣が李福本、左から二人目が金海松）
（「友情千里　2017CALENDAR」より）

ス」をモチーフに結成され、「ちょいと出ました、あきれたぼういず」なるフレーズで登場し、旋風を巻き起こした。これまで漫才で用いられたギャグのエッセンスを音楽のリズムに乗せ、小気味よく聴衆に訴える演芸は、「アリラン・ボーイズ」にも引き継がれ、吉本のエンターテインメントを代表するユニットとして一時代を築いたのである。

話を茂木大輔に戻すと、彼は張世貞の歌だけでなく、存在全てに恋焦がれてしまい、彼女に結婚を申し込むほどの熱の上げようであった。茂木は古賀政男の弟子であったが、若き日の古賀が仁川《インチョン》や京城で生活したことはよく知られていた。

茂木は戦後、日活映画のプロデューサーになって多くの映画を製作したが、京城で青春時代を過ごしたこともあって、韓国の歌手が日本へ来ると随分世話をした。後年、張世貞の長女が東京の文化服装学院に留学していた時も父親代りをつとめ、張世貞がビクターで「連絡船」を吹き込んだのも、茂木の尽力によるものであった。日韓音楽文化交流において欠かすことのできない、多くの業績があった人物である。

3　朝鮮楽劇団、最後の日本公演

朝鮮楽劇団、日本公演決定

佐藤邦夫が、一ヶ月に及ぶ京城滞在で得た朝鮮楽劇団についての意見は、

一、上演内容の優秀な団体であり、明治座での実演契約は継続が望ましい。

二、映画館のアトラクションとしてはショウのみでよく、従って李社長の意向する楽劇の上演は、朝鮮楽劇団の独自公演にすること。

三、松竹がイニシアティブをとれば、東京、大阪公演は必ず成功するだろう。

等であった。実際、佐藤のこの三つの意見はその通りに具体化したのだから、彼には朝鮮楽劇団に対する先見の明と楽劇団の実力を正しく評価する眼力を有していたといえる。

朝鮮楽劇団の日本公演をプロデュースしたのが、金尚鎮《キムサンヂン》であった。金は当時かなり名の売れた映画監督であったが、李哲は金を朝鮮楽劇団の企画部長として迎えた。実質的には朝鮮楽劇団の支配人格でもあったが、李哲とは対照的に温厚篤実な人柄で、情熱家の李を手際よく補佐していた。

金尚鎮の企画による朝鮮楽劇団の日本公演は、東京、大阪の二カ所であり、最初にそれぞれの地域で自主公演を行い、続いて松竹が興行を受け持つ二本立てとなった。

朝鮮楽劇団を日本でコーディネートしたのが、「モダン日本」という名の出版社社長の馬海松《マヘソル》であった。馬は一九〇五年一月八日、今の北朝鮮にある京畿道《キョンギド》・開城《ケソン》で生まれた。商業を営む馬家七人兄妹の六番目の子であったが、一九一九年の三・一独立運動の時、仏教系の開城学堂《ケソンハッタン》へ通っていたため運動に参加出来なかったことを恥じ、京城へ上り、中央高普に入学した。しかし、学内のストライキに加ったため学業を中断し帰郷、一九二〇年、再び京城へ戻った。同年一二月に渡日、日本大学芸術科に学び演劇運動に参加した後、児童文学者となったという異色の経歴の持ち主である。

一九二五年、一度朝鮮に戻り、再度東京へ来た馬は菊池寛を訪ねた。援助家として知られる菊池は馬に金一封を差し出したが、馬がそれを断ったことから男気を感じ、馬を文藝春秋社へ入社させた。一九三〇年、馬は文藝春秋社の子会社である、「モダン日本」の社長に就任。馬の経営は堅実で、当時同社が発行していた「モダン日本」は一〇万部の発行部数を誇る人気雑誌となった。

馬海松はハンサムで女性にもてた。当時の代表的美人女優から求愛されたりしたが、馬山《マサン》出身の舞踊家で朴外仙《パクウェソン》と結婚した。夫妻は朝鮮解放後、祖国へ戻り、馬は文学の道で多大の足跡を残し、朴は梨花《イファ》女子大教授となった。

馬海松が公演巡業のマネージメントを引き受けたので、楽劇団は一九四二年一月中旬から東京、大阪で公演を開始することになった。経済的には、松竹主催の大阪公演がある程度のギャランティを保障することになったが、それまでの滞在費その他は、楽劇団の自前で工面することになった。そのためには、東京の自主公演を是が非でも成功させねばならなかった。

朝鮮楽劇団一行の東京での滞在先は浅草の安宿に決まったが、総勢五〇人を超す大所帯であったことから、一日の滞在費もかなりの負担となった。また、当時は戦時下で食糧が割当制になっている中、一行の食べる米を確保しなくてはならなかった。加えて、朝鮮楽劇団のメンバーは、原則日本食を食べることはなかった。そのため欠かせないのはキムチであるが、その頃の日本の宿屋にキムチが置いてあるはずがない。今ならどこのスーパーでもキムチを買うことが出来るが、戦前の日本でキムチを大量に調達するのは至難の業であった。

また、東京公演は自主興行であったことから、入場券も基本的に手売りとなり、スタッフの苦労は並大抵のものではなかった。

お尋ね者、朝鮮楽劇団

朝鮮楽劇団日本公演の準備のため、新橋第一ホテルのロビーがオフィス代わりに使われた。東京での自主公演は軍人会館（後の九段会館）に決定し、演し物は四本立て、昼夜の二回公演となった。

ある日、第一ホテルでの打ち合せの席に、どこの誰か判らない目付きの鋭い人物が同席していた。一言も発せずただ黙々と坐っているだけで、社長の李哲は皆に紹介すらしなかった。その目付きの鋭い人物は、警視庁内鮮課の刑事であった。

その後、公演巡業に携わっていた東和商事社員の佐藤邦夫は、警視庁への出頭を要請された。刑事は、「朝鮮楽劇団はいろいろと問題の多い団体ですから、準備の進行状況を毎日報告してください」と依頼した。言葉はやさしく、態度もそう強くはなかったが、佐藤は命令と受け取った。

佐藤が日本公演の責任者である金尚鎮にその話をすると、金は朝鮮楽劇団がマークされる理由を説明した。それは一九三九年、吉本の舞台における太極旗紋様事件の顛末であった。

吉本の東京公演は無事終了し、次は大阪公演であった。大阪は以前から在日朝鮮人居住者の多い地域であると同時に、当局が朝鮮人の動向に最も注意していた土地であった。

この大阪公演で事件は起こった。南座花月劇場公演でショウの一場面に使われた太鼓の紋様が、太極旗のそれに似ていたとされた。加えて全体的に民族カラーの強い演出が大阪の特高に問題視されたのだ。

責任者の金尚鎮と幹部一名が拘束され、プロデューサーの李哲も事情を聴かれた。それ以来、朝鮮楽劇団は当局から要注意とされる団体になり、関係者がことごとくマークされるようになった。

東京公演の半年前の一九四二年春、警視庁に続いて、今度は東京九段の憲兵司令部から、佐藤邦夫が「直ちに出頭せよ」との命令を受けた。命令を受けて佐藤は憲兵司令部へ出頭したが、そこではある将校から、「近く来る朝鮮楽劇団についての諸情報を報告せよ」と命じられた。朝鮮楽劇団は憲兵からもマークされる「お尋ね者」であることが判明した訳だが、命令を受けた佐藤はとっさにこう答えた。

「朝鮮楽劇団は、朝鮮軍報道部から推薦劇団の呼称を受けている団体です。お調べいただければ分かると思います」

そう言うと将校は、

「ふうむ。朝鮮軍の推薦を受けているのか。よし、すぐ調べてみよう」

と直ちに京城に軍用電話をかけて確認をとった。警視庁で呼び出しを受けてから、当局への対処は佐藤自身、要領を得たものであった。

結局、朝鮮楽劇団の日本公演はおとがめなくとり行われることになり、憲兵隊からの出頭命令は二度と来なかった。

李王観覧の東京公演

明けて一九四三年の正月、朝鮮楽劇団の自主公演が九段の軍人会館で始まった。演し物は、「山桜」「陣中日記」「フンブとノルブ」「バラエティーショウ」の四本であった。

オープニングを飾る「山桜」は宇熙善《ウヒソン》作曲、金敏子《キムメヂャ》振付の歌舞集であった。「陣中日記」は志願兵が出征するという時局ならではの戦時下をテーマにしていて、軍への配慮とみられた。「フンブとノルブ」は朝鮮の有名な民話をミュージカル化したもので、この物語は、今の韓国の小学校ではお馴染みの童話として語り継がれている。「バラエティーショウ」は公演のフィナーレを飾る、朝鮮楽劇団十八番の歌と踊りのアンサンブルであった。

公演初日には、警視庁内鮮課と憲兵隊の役員を招待したのであったが、これが大好評を得た。警視庁に至っては、当時配給制だった米を特別配給するという歓迎ぶりであった。これは食糧難で困窮していた楽劇団を大いに鼓舞させた。

それでも「フンブとノルブ」は朝鮮民族色の強い演し物であったことから、当局より注意を受けるのではないかという心配もあったが、明るい勧善懲悪のストーリーで、何よりも宋煕善による音楽が優れており、大ウケだったので難なくパスした。

公演の二日目には、朝鮮王朝最後の皇太子である李王《イワン》夫妻も観覧に訪れた。その時、金貞九が歌ったのが、「落花三千」であった。この曲は一九四二年にレコーディングされたが、元々は一九四一年に楽劇団のレパートリー「落花三千巌」の主題歌として発表されていた。「落花三千」は日本の国策映画「君と僕」の挿入歌にも使用されたが、滅びゆく百済と運命を共にした三千人にものぼる宮廷女性の悲哀を歌ったもので、国を奪われた李王は共感したのであろうか、涙を流した。

李王夫妻はこの観劇にたいそう満足し、公演終了後、楽劇団幹部を赤坂にあった御殿に招き入れた。社長の李哲をはじめ、楽劇団の主だったメンバー達は御殿に足を踏み入れたが、李王朝時代であったなら、彼らにとって王とは雲の上の存在であった。封建時代の朝鮮において、楽劇団のような芸能を生業にする者は卑しい存在として扱われ、全国を流浪しながら芸を披露していた。それが、「朝鮮の王」の肩書は無くなったとは言え王になったであろう人物を前にして、楽劇団の面々はただただ感激するばかりであった。

御殿では茶果がふるまわれ、そのあとで金貞九が「涙にぬれた豆満江」を歌った。すると李王はハンカチを出し、そっと目を拭いた。楽劇団の公演に続いて、この日二度目の落

東京公演後、赤坂の李王邸宅に招かれた朝鮮楽劇団
（「大韓民国歴史博物館所蔵資料集２トランペット演奏者玄景燮」99 頁より）

涙であった。金貞九も熱唱しながら、涙があふれていた。日本による朝鮮植民地支配により、朝鮮半島から多くの人々が流浪の民として、日本や満州と呼ばれた中国東北部へと移り住んだ。そうした人々を望郷の念に誘ったのが、故郷を思う歌であり、その哀愁を帯びたメロディーを耳にすると、朝鮮人なら自然に涙が流れるのが常であった。

李王も滅んだ「朝鮮」の名を冠する楽劇団が奏でる伝統舞踊を観劇して、かつての栄華を思い起こしたのかもしれない。今の自分の境遇こそが流浪の元王族であり、祖国を奪った宗主国の軍将校として仕えていることに対する懺悔の念が込められていたようにも思われた。

李王は、元王族という尊大さを見せることは微塵もなく、慈愛に充ちた対応で、楽劇団とのひと時を楽しんでいた。また、妻の梨本宮方子は、楽劇団員がため息をつくほどのたたずまいを見せ、緊張してかしこまっている一同を和やかな雰囲気にする慈愛に満ちた態度で接した。

「半島の舞姫」を凌駕する朝鮮楽劇団の存在感

東京の公演を終えて、朝鮮楽劇団一行は大阪へ向かった。大阪城近くの大手前のホールを借りての自主公演は超満員の大盛況で、切符が一枚も無い有様であった。

係員が入口に立っていると、客は現金を手に握らせて、断りなくどんどん入ってきた。席なんか無くてもいいというのであった。冬だというのに、場内は熱気で蒸せかえり、人いきれで真夏のような暑さであった。

朝鮮楽劇団の大阪公演が活況を呈している中、とばっちりを受けて閑古鳥が鳴いていたのが、同日に中之島の朝日会館で行われていた崔承喜《チェスンヒ》の舞踊公演であった。崔承喜といえば、当時「半島の舞姫」と呼ばれ、世界的にも名声を得ていたスーパースターである。

崔承喜は世界中を公演して回り、あのピカソまでも魅了した舞踊家で、その凱旋公演として、二月四日から九日まで、「新作舞踊公演」に自信満々で臨んでいた。それは新聞広告にある「新しき世界舞踊を築く東洋舞踊の凱歌」というキャッチコピーからも十分感じ取れた。

崔承喜は六日間の夜公演において、曲目を三回に分けて別々のプログラムで踊りきり、さらに二回の昼公演では研究曲目を披露する等、この公演に舞踊家生命を掛けていた。会場は全席指定という強気で、主催は朝日新聞大阪厚生事業団という大スポンサーがバックに控えており、興行の成功は約束されていたも同然であった。

しかし、その崔承喜をもってしても、朝鮮楽劇団には歯が立たなかった。朝鮮の二大エンターテナーが大阪で争った結果、軍配は朝鮮楽劇団に上がるという、まさに面目躍如を果たしたのであった。

崔承喜の踊りは確かに芸術性において卓越し、比類なき存在として舞踊の世界に君臨していた。しかし、その孤高の極みのせいで、誰も崔承喜に追随できるものはいなかった。崔承喜の舞が、常人の域を超えた高尚なアートとして追求されればされるほど、観客はただ黙ってそれを鑑賞するしかなかった。

一方、朝鮮楽劇団の奏でる歌や舞台で演じられる舞いは、観客が欲する文化への欲望を掻きたてる媚薬の作用を有していた。観客は理性ではなく五感を通じた感性でそれらを全身で受け止め、感情に導かれるまま熱狂した。その場の観客は、舞台の演目を観るだけでなく、舞台と一体になり歌い踊る一員として、自らを位置づけた。演者と一体となることで得られるカタルシス。それが朝鮮楽劇団にあって崔承喜にはない、演芸の行き着く先であった。

崔承喜の夫であり、マネージャーでもあった安漠《アンマク》は一言、「驚きましたなあ」と朝鮮楽劇団の快進撃に脱帽した。

朝鮮楽劇団の満州公演

大阪での自主公演が終了し、次は松竹との契約による巡業公演であった。松竹の興行記録によると、一九四三年二月に東京に戻り、浅草国際劇場、四月に金竜館（浅草）、五月には丸の内邦楽座（現在の丸の内ピカデリー）で公演した。その後大阪に舞い戻り、大劇で公演し、次いで九州公演を行い、京城へ帰っていった。

日本公演を終えた朝鮮楽劇団は、次は満州地方への巡業に出た。朝鮮楽劇団が所属する朝鮮演芸株式会社には、朝鮮楽劇団の他に孫一平《ソンイルピョン》が団長を務める新生《シンセン》劇団も参加していた。孫一平は「朝鮮のロッパ」といわれた喜劇俳優で、これに浪曲の崔八根《チェパルグン》が加った一座が地方巡業を行っていた。新生劇団は朝鮮楽劇団と違い小規模なので、小さな町や村で興行していた。この新生劇団と朝鮮楽劇団が、満州地方で積極的な巡業公演を展開した。

当時満州地方の物価は朝鮮の三倍で、満銀券の一万円は朝銀券の三万円になるというレートであった。そのため、満州地方で巡業を行うと、朝鮮の三倍の稼ぎになった。これによって朝鮮楽劇団の収入は潤うことになるのであるが、楽劇団の手当ては一・五倍に留まった。つまるところ、朝鮮演芸株式会社は残りの収益を純益として計上することができ、楽劇団の満州公演は濡れ手に粟であったといえる。

満州地方の中でも特に間島地方（現在の中国吉林省）は歴史的に朝鮮人が多く居住しているところで、朝鮮楽劇団は行けば当たるトップスターの扱いであった。興行元の満州演芸協会にとっても、朝鮮楽劇団は至宝の存在であった。しかも、朝鮮楽劇団の強みは、満州地方の興行における独占権にあった。当時、満州はどの劇団でも自由には行くことのできない地域であって、朝鮮軍の推薦劇団というお墨付きがなければ、国境の鴨緑江《アムノッカン》は渡れなかった。京城で朝鮮軍が内容優秀と認めた劇団のみがこの肩書を許可され、その数少ない劇団が朝鮮楽劇団であったのである。

楽劇団が公演のために満州地方へ渡ろうとすると、京城の竜山《ヨンサン》にある軍司令部で関東軍への推薦状を受け取った。それを中国側の安東（現在の丹東市）の税関で見せると、満州国への入国が許可になり、新京（現在の長春市）の関東軍報道部へ推薦状を提出することによって、満州各地の公演が出来るというシステムであった。

満州よもやま話

当時、朝鮮楽劇団の京城の公演は年数回しかなく、その後は巡業また巡業と、朝鮮半島全土や満州地方、日本へと旅から旅への日々を繰り返していた。その移動の際、列車に乗ると必ず目的を問いただす鉄道内の警察も、「朝鮮楽劇団」という名刺を見せればフリーパスであった。

満洲公演の際は、新義州《シニヂュ》から鉄橋で鴨緑江を越え安東に入るのであるが、ここには税関があり、検査にパスしないと入国出来なかった。そこで楽劇団は安東へ着くと、すぐ税関慰問公演をするのがきまりで、そのおかげか、顔パスで難なく通過することが出来た。

一九四三年に入ると、日本軍はガダルカナル島撤退、アッツ島守備隊全滅、キスカ島撤退と戦況が悪化し、本土防衛線はマリアナ、カロリン、西ニューギニアへと後退するという報道が続いた。戦局はすでに敗戦へと向かっていたが、朝鮮半島は米軍の空襲がないことから夜も電灯がつき、朝鮮楽劇団等の演芸公演も中止されることなく行われていた。

暮れも押し迫った一二月、楽劇団はこの年最後の満洲公演を行った。新京では、当時ここを訪れていた服部良一と李香蘭（山口淑子）を迎えて、新京公会堂でのコンサートが行われた。李香蘭は満州映画における大スターで、楽劇団員たちも心から歓迎した。

新京においてゼネラル・プロデューサーである李哲と、新京音楽院の事務局長・村松道

弥らによる楽劇「春香伝《チュニャンヂョン》」の制作企画が立ち上がった
キャストは朝鮮、満州からそれぞれ募り、作曲は金海松、オーケストラ、コーラスは満洲側から参加することになり、一九四四年秋までに新京と京城で公演するという計画であった。

この公演企画打ち合わせを終えて、楽劇団はハルピン、チャムス、林口、虎林と巡った。緊張するソ満国境のすぐそばでの公演であった。公演場所は満州映画社経営の映画館であったが、ドン帳がなく、フィナーレになると客席から毎度毎度一斉に紙つぶてが飛んできた。トリの金貞九の歌が終ると、舞台進行のスタッフがそれを拾い集める。その紙の中には金が入っており、感激した客が金一封を投げるのであった。これがかなりの金額となり、社長の李哲には内緒で、その金で劇団員一同は毎夜宴会を開いて皆で飲み明かした。

満州地方の公演は、異郷の地を旅から旅へと巡り、気候も朝鮮本土とは異なっていた。また、連日公演と宴会とを繰り返す過酷なスケジュールであることから、体調を崩す者が出た。李花子もその一人で、彼女は妵生の出身であった。民謡を歌わせては天下一品で、オーケーレコードでも「民謡の女王」として売り出していた歌手であった。

満洲公演の際、日ごと李花子の身体の調子が変るので、「どこか悪いのではないか」とスタッフが李の付き人に尋ねたことがあった。付き人は、「それがねえ、ちょっと難しい

1938年に発売された李花子のレコード
（「朴燦鎬コレクション」 117頁より）

ので」という返事であった。李は病気ではなくて、麻薬をやっていたことが判明するのであるが、劇団内では麻薬は禁じられていた。また、そうたやすく入手できる代物ではなかったが、麻薬が切れたら李はステージで歌えなくなった。そのため、付き人は麻薬をみつけるために奔走するのであった。

　前述のように、安東の税関はフリーパスなので、麻薬に使用する注射器は無事通過させることができた。しかし、問題は巡業した土地で麻薬を使用していたことが見つかれば、警察沙汰となり、果ては興行面で看板スターにに穴が空くことにつながった。また、安東以外の税関では当然持ち物検査があり、スタッフの心労は積み重なるばかりであった。実際、満洲から朝鮮へ入るところに図們《トモン》の税関があり、ここの検査で危うく注射器が見つかりそうになった。その時は、スタッフは命が縮む思いをしたという。それでも、李花子の民謡の巧さは説明のしようがない比類なき歌声であった。

朝鮮楽劇団内の愛憎劇

朝鮮楽劇団は当代随一のスターが集う芸能集団であったことから、その内側で男女間の色恋沙汰が生じるのは当然の成り行きであった。芸の世界に生きる人気者同士が、同じ屋根の下で日々を過ごすのであるから、惚れた腫れたのスキャンダルは日常茶飯事であった。

朝鮮楽劇団におけるスキャンダルが他とは一味違うのが、社長である李哲自身が一座の花形歌手であった張世貞を愛人にしていたことであった。社員が「商品」であるスターに手を出すというのは、芸能世界では「ご法度」であるが、朝鮮楽劇団では社長自らそれを破っていた。社長がそんな有り様だから、楽劇内では惚れた腫れたの自由恋愛が横行し、当然嫉妬の嵐が巻き起こった。

その恋愛舞台劇は、李哲の愛人・張世貞にコメディアンの李福本が横恋慕となり、泥沼の三角関係に陥った。さらに輪をかけて、座長格の李蘭影は、李哲が愛人の張世貞をえこひいきすることで嫉妬し、ヒステリーを起こすという愛憎劇へと展開した。

李蘭影の夫は、楽団のコンダクターであり作曲家でもある金海松で、二人の間には既に

皇居二重橋前での朝鮮楽劇団女性スターたち（向かって左から４番目が李蘭影、その右が李俊嬉、一人おいて張世貞、右端が李花子）
（「友情千里　2017CALENDAR」より）

七人の子供がいたが、李蘭影が張世貞を目の敵にしていたことから、楽劇団内の人間関係は最悪となった。追い打ちをかけるように、楽劇団には朝鮮半島の北と南の出身者の仲が悪く、チームワーク重視の楽劇団として、まとまるのもままならない状況にあった。

この愛憎入り混じった人間関係が、後に朝鮮楽劇団が崩壊する原因のひとつになったと考えられる。

4　朝鮮楽劇団と服部良一の交流

他郷暮らしの作曲家、孫牧人

「木浦《モッポ》の涙」の作曲家で知られる孫牧人であるが、日本では「カスバの女」や「弥太郎笠」、「ハワイの夜」等の作曲家として知られていた。

一時、東京・杉並の久我山に住んでいたので、久我山明というペンネームで作曲したのが「カスバの女」であった。孫は一時、サンフランシスコにも住んでいたが、突然東京へ現れたこともあった。

孫牧人にとって、一九三四年に高福寿《コボッス》の歌った「他郷《タヒャン》暮し」が出世作であった。

他郷暮らしが幾年か　指折り数えりゃ　故郷離れて一〇余年
青春だけが色褪せていく

一九一〇年の韓国併合により朝鮮は日本の植民地となり、朝鮮総督府と東洋拓殖会社が主導した「土地調査事業」により、朝鮮の農民は土地を奪われ没落し、流浪の民となった。彼らは生きるための糧を求めて、日本や満州と呼ばれた中国東北地方へと離散していった。故郷を離れた人々にとって、「他郷暮し」の故郷を懐かしむ歌詞と哀愁を帯びた旋律は、望郷の念をかき立てるものであった。

「他郷暮し」は朝鮮楽劇団のレパートリーの中でも特に人気が高く、何回もアンコール

孫牧人
(「韓国映画と大衆歌謡、その100年の出会い」韓国映像資料院、15頁より)

がリクエストされた。

「他郷暮し」が歌われると、会場が一体となって涙を流して合唱する姿が、日本や中国の公演で見られた。「序詩」で有名な国民的詩人、尹東柱の出身地である満州の龍井で行われた公演では、「他郷暮し」を聴いた観客が故郷を懐かしむあまり自殺したことで、社会問題ともなった。それだけ「他郷暮し」は、海外に在住するコリアンにとって琴線に触れる詩と曲調を秘めており、今もなお愛され続けている。

「他郷暮し」を歌った高福寿は慶尚南道《キョンサンナムド》・蔚山《ウルサン》出身で、一九七〇年代初めまで韓国で活躍した大衆歌手である。一九三一年、東亜日報とコロンビアレコードが主催した朝鮮九大都市コンクール釜山大会予選で優勝し、京城での本選で三位になった実力の持ち主であった。その後、コロムビアレコードの専属歌手になり、一九三五年以後は朝鮮楽劇団におけるトップ歌手として注目を集めた。

孫牧人は一九一三年、慶尚南道・晋州《チンヂュ》で生まれた。五歳の時、一家は京城に引越し、孫はその頃から礼拝堂で賛美歌を歌うようになった。テノール歌手を夢見た孫は、周囲の反対を押し切って東京帝国音楽学校の声楽科を受験した。しかし、試験の際、緊張して声が裏返ってしまい失敗、翌年ピアノ科を受験して合格した。

孫牧人が一九歳の時、音楽学校の夏休みに、又従兄弟で新民謡「ノドゥル江辺《カンピョン》」を作曲

朝鮮楽劇団をバックに歌う高福寿
(「大韓民国歴史博物館所蔵資料集２トランペット演奏者玄景燮」95頁より)

した文《ムン》湖月《ホウォル》の紹介により、オーケーレコードのピアニストとして演奏をした。孫にしてはアルバイトのつもりであったが、彼の才能を見抜いて引き抜いたのが、オーケーレコードの社長、李哲であった。李哲は才能発見の名人で、孫牧人以外にも多くの作曲家や歌手を発見し育成した。音楽プロデューサーとして他に比を見ない優れた人物であった。

「他郷暮し」は一九三四年、孫牧人が二一歳の若さで作ったもので、李哲は孫牧人に一編の詩を手渡し、曲をつけるように依頼した。作詩は金《キム》隆人《ユンイン》で、孫はこの詩を読んで自分も異郷暮らしの身の上であったことから、涙を流しながら五日間で作曲した。孫の心情が込められた歌であったことから、多くの他郷暮らしの人々が共感したのであろう。

李哲は「他郷暮し」を新人歌手であった高福寿に歌わせた。高は情感のこもった声と正統的な歌唱法でこの歌を歌い、一カ月間で五万枚を売り上げたことから、一躍スターの座を射止めた。

オーケーレコードはその後経営難となり、テイチクに身売りすることになった。レコード会社の経営から退いた李哲が次に立ち上げたのが、朝鮮人による朝鮮の楽曲を主体とした楽団の結成であった。一九三七年、李哲は朝鮮楽劇団を創設し、孫牧人は総指揮者に就任し、またアコーディオン奏者としても活躍した。

孫牧人は後年、朝鮮楽劇団について次のように述懐している。

「朝鮮国内だけでなく、朝鮮人のいるところはすべて行くんです。レコーディングの時は除いて、毎日が巡業。北は満州。大連、青島、ハルビン、牡丹江のあたりまで行きましたよ。南は上海。ここも亡命してきている朝鮮人が多かった。中国公演でいっしょになったフィリピンバンドからは西洋の新しい感覚の演奏技術を学んだものです。そう、日本にも行きました。そのときに、服部良一と共演して親しくなったんです。とにかく、どこに行ってもすごい人気でね。でも、すべての場所をまわろうとすれば、年に一回しかそれぞれの土地には行けない。その一回をみんなが待ち望んでいました」

孫牧人の言葉通り、年一回のアジア公演であったが、各地に居住する朝鮮人は朝鮮楽劇団の公演を心待ちにしていた。異郷の地にあっても故郷の歌と踊りを披露する楽団は、異郷の民にとって、故郷の風景と懐かしい香りを思い起こさせる使徒でもあった。民族のエキスを満載した楽団の存在は、異郷で辛く寂しい暮らしをする人々にとって、希望の存在に他ならなかった。

服部良一と朝鮮

孫牧人の述懐にある服部良一は、朝鮮楽劇団と交流があったとされるが、服部自身、戦前の朝鮮半島の音楽と深くかかわりがあった。

服部は一九〇七年、大阪市で生まれた。一九二五年にNHK大阪放送局が結成した、大阪フィルハーモニック・オーケストラにサックス奏者として参加した。一九三六年に日本コロムビア専属の作曲家となり、淡谷のり子の「別れのブルース」等が大ヒットし、和製ポップスの先駆者となった。戦後は笠置シヅ子の「東京ブギウギ」や藤山一郎と奈良光枝が歌った「青い山脈」等を作曲した。

余談ではあるが、笠置シヅ子は吉本興業創業者、吉本せいの息子である吉本穎右と恋仲になり、穎右の子を身ごもった。しかし、せいは穎右を吉本の後継者にしようとしていたことから、舞台に立つ歌手との結婚に強硬に反対した。穎右は子供の頃からの病弱がたたり、一九四七年に二四歳の若さで亡くなってしまう。笠置シヅ子は穎右の死後、女児を出産し、その後も歌手として活躍した。

笠置は終戦直後、全国各地で公演したが、共演者には朝鮮人歌手が含まれ、その中には小畑実（康永喆《カンヨンチョル》）もいた。笠置シヅ子と吉本興業、そしてコリアン・エンターテナーたちという奇妙な縁が戦後も続くことになる。

話を服部良一にもどす。服部は戦前、演歌色が濃い歌謡曲に洋楽のエッセンスを取り入れたことで、戦後の明るい流行歌を生み出した先駆者となった。孫牧人の作る曲も、代表曲「他郷暮し」「木浦の涙」のように演歌調の曲が有名であるが、孫自身ジャズやポップスに造詣が深く、服部とも意気投合したようだ。

二〇〇八年一二月、服部が戦時中に朝鮮半島で流行した大衆歌謡の編曲を手がけたことが分かり、そのうち約三〇曲の楽譜が東京都内の服部の旧宅で見つかった。それまで一般に服部は、「蘇州夜曲」の作曲や上海への軍慰問団の参加等で、中国とのかかわりが強いとされてきた。服部のこうした功績は、演歌との類似点が指摘される朝鮮半島の大衆歌謡に、ポップス調のアレンジを加え、現地で新風を吹かせていたことを裏付けるものであった。

楽譜は服部の直筆で「朝鮮軽音楽集」と記された封筒に入っていて、約七〇年の音楽人生の中で作曲・編曲してきた楽譜等とともに旧宅の書庫に保管されていた。楽譜はすべて手書きで、長男の作曲家・服部克久によると、戦前の朝鮮半島にかかわる楽譜を確認したのは、これが初めてとのことであった。

「朝鮮軽音楽集」によると、一九三九年に朝鮮半島でヒットした「泣くな紅桃」を編曲し、作曲者の金駿泳《キムヂョンヨン》から他にも数曲アレンジを依頼されており、「宵のサロン」という曲では「リズムはタンゴ気分濃く」、「乙女純情」では「かわいらしい伴奏にしてほしい」と要望が記されていた。

服部自身の作曲では、「別れのブルース」や「いとしあの星」（歌：渡辺はま子）等の歌詞が朝鮮語に翻訳され、朝鮮で販売された。服部が朝鮮をマーケットとしてアレンジした楽曲は約五〇曲を数え、これは同時代に朝鮮風の編曲を行った古関裕而らに比べてもはるかに多かった。

息子の克久は「父から朝鮮の話を聞いたことはなかった。意外な気もするが、演歌っぽくない服部良一にあえて編曲を求めたのだろう。譜面から父らしい旋律が読み取れる。西洋の音楽を朝鮮の人たちに伝えるのは、自分の仕事だと自負していたのでしょう」と語った。

戦前・戦中の朝鮮半島には、服部が専属だった日本コロムビアをはじめ、多くのレコード会社が支店や支社を設け、朝鮮人向けにＳＰレコードを生産、販売していた。服部の例のように、現地の作曲家が作った原曲を日本の作曲家がアレンジして売り出すことも珍しくなかった。

音楽評論家の岡野弁は、次のように当時の事情について話した。

「朝鮮半島の大衆歌謡の作曲家の中でも西洋音楽を好んだ人たちは、日本的な旋律の古賀政男より西洋音楽を学んだ服部良一に注目したのだろう。当時、ジャズ等、モダン風にアレンジできたのは服部ぐらいだろうし、編曲依頼は自然な流れだったと思う」

服部は日本の歌謡曲を西洋音楽風にアレンジして、朝鮮半島に伝えただけではなかった。服部自身も、古賀政男のように朝鮮の伝統音楽に魅せられ、それを日本でレコードにする仕事に携わっていた。

一九四三年二月、コロムビアから「朝鮮軽音楽選　第六輯」と銘打たれた「朝鮮名曲編」が発売された。三枚一組のホルダー入りにパッケージされたレコードには、「アリラン」「処女総角」「トラジの歌」「梁山道《ヤンサンド》」「落花岩千年の夢」「放浪歌」等、朝鮮の民謡・新民謡が収録されていた。歌と演奏は、コロムビア合唱団とコロムビア管弦楽団であるが、編曲を担当したのは服部良一であった。

服部は日本歌謡を朝鮮に広めた第一人者とされるが、他ならない服部自身が朝鮮の民謡を日本に紹介していたのであった。服部良一という稀代の音楽家が、日本と朝鮮半島における音楽の橋渡しに足跡を残したことは、音楽史に特筆すべき事例である。

第6章　さらば、朝鮮楽劇団

1　戦争と楽劇団

戦争末期の巡業活動

太平洋戦争で日本の敗色が濃厚となった一九四三年、朝鮮楽劇団は最後の日本巡業を行った。

「神戸新聞」一九四三年二月一〇日付の広告記事に、翌一一日から一七日まで、大阪千日前大劇で行われる朝鮮楽劇団の公演が掲載されている。

コピーには「全場国語の演出で唄と踊りと笑ひに展く異色綺麗舞台　朝鮮情調を盛り上げる」とあり、続いて「一行八〇余名大挙出演！　オーケーレコード専属花形大量出演」

「神戸新聞」1943年2月10日の広告記事

と書かれていた。同時封切は「松竹超大作」として、「上原謙・李香蘭の戦ひの街」がクレジットされていた。そしてわざわざ、「この公演は十七日まで、絶対日延べいたしません」との注意書きが記されていた。

一九四二年に行われた松竹との契約が残っていたことからのタイアップ興行であったが、戦局が日本に不利になっていることから、前年のような派手な広告よりは控えめであった。さらに、人気興行であれば追加公演は常であったが、この巡業ではわざわざ最終日を明記し、延長しない旨を告知している。このことから、芸能会社はもはや自由に公演を企画・運営することはできず、軍部の意向により内容・期間が厳しく統制されていたと思われる。また、「唄は国語」、すなわち全編日本語による公演で、朝鮮語の使用は禁じられた。
翌日の「神戸新聞」一九四三年二月一一日付の広告記事には、神戸新開地の有楽館で同日初日を迎える「半島代表歌謡大会」の大文字と、南仁樹《ナムインス》と金銀河《キムウナ》の名前が見える。他には、「セルビアン楽団　大好評につき引き続き上演」や「吉本漫才　蝶子　五九童」「自転車曲芸」の文字が踊る。

南仁樹は朝鮮楽劇団所属の歌手であったが、この頃はソロで日本での講演を行っていた。朝鮮楽劇団を脱退したのか定かではないが、楽劇団としてではなく一人の歌手として舞台に立てるほど、認知度はあったと思える。金銀河は南仁樹の最初の妻で、朝鮮歌劇団の「舞姫」として活動し、神戸以外でも日本において夫婦競演を行っていた。

南仁樹は一九一八年、慶尚南道《キョンサンナムド》・晋州《チンヂュ》で生まれた。「歌謡皇帝」の名をほしいままにした南は、代表曲「哀愁の小夜曲」が今でも韓国で歌われるほど人気を博していた。その歌詞は、

泣いたとて　戻らぬ　昔の恋を
涙で　思い出す　悲しい　この夜
静かに　窓を開け　星を仰げば

誰が　吹くのか　口笛の音

と、まさしく聴く者に哀愁を帯びた情景を思い起こさせるフレーズであった。「哀愁の小夜曲」は、朝鮮楽劇団で同じ釜の飯を食べた朴是春《パクシチュン》が作曲し、他にも朴が作曲した「離別の釜山停車場」もヒットした。

「親日派」南仁樹

一九四三年二月は、日本軍がガダルカナル島から撤退した時期であった。「餓島」と呼ばれるほど、ガダルカナル島での戦闘は悲惨を極め、日本軍は戦死者よりも餓死者の方が多かったと言われた。こうした戦争末期の世相にあっても、南仁樹は歌謡大会で歌うことが出来た。その理由として、南仁樹が戦争を賛美する歌を歌い、戦争に協力したことがあげられる。韓国で今なお絶大な人気を誇る歌謡皇帝であったが、彼の過去には拭い得ない「親日派」「戦争協力者」の顔があった。

これも朴是春が作曲した歌で、「血書志願」は、

半島の血脈　輝け血筋

ひとつの国の屋根のした恩恵を受け育った体
このときを逃すまい　命を惜しまず
お国様の兵隊になるのが願いです

と、露骨なまでに日本の戦争を賛美し、朝鮮人を戦争に志願させること是とするを歌っていた。

神戸での公演においても、南仁樹はこうした戦争讃美歌を歌うことでリサイタルを行うことが出来たとみられ、「戦争協力者」のレッテルを張られても致し方なかった。

しかしこの時代、戦争賛美の歌を歌う以外、歌手として生きていくことはかなわず、不本意ながらも南仁樹は歌わざるを得なかったといえる。自らの信念を貫いて戦争讃美歌を拒否して歌手生命を絶たれるか、それとも戦争協力して若い同胞青年を戦場に駆り立てる歌

「南仁樹大傑作集」のレコードジャケット

を歌うのか、厳しい選択が朝鮮人ミュージシャンに突きつけられていた。

戦争末期の朝鮮人興行

一九四三年一二月二日から神戸の相生座で、「朝鮮の唄と踊り　京城楽劇団一行」公演が行われた。この「京城楽劇団」なる演芸団体が朝鮮楽劇団と関係があるのかは分からない。しかし、朝鮮の民族色を打ち出す楽劇団が、敗戦間近のこの時代においても興行できたのは驚くべきことであった。

相生座公演の出演は他に、川浪良太郎一座による「無法松の一生　七幕」で、男女二組を含む漫才もラインナップされていた。

同時期、相生座の近辺にある新開地の聚楽館では、東宝・大栄・松竹の合同合作で、「異色の朝鮮映画」と銘打たれた「若き姿」が封切上映されていた。そのキャッチコピーは、「民族の血が脈うつ三十年　おう！　決起する日が来た！」という朝鮮人の戦争動員を鼓舞するもので、「民族の血が脈うつ三十年」とは、一九一〇年の韓国併合以降、朝鮮人が天皇の臣民として命を投げうつことを賛美するものであった。

また、三宮の松竹座では、「出征前十二時間」や「マレー沖海戦」が同時上映される等、映画が戦時色一色の中、京城楽劇団の公演は、ある意味異様な、場違いの感があった。しかし、裏を返せば、それだけ朝鮮の「民族色」を打ち出す公演を観衆は求めていたのであり、それを軍部は黙認していたことになる。

同じ年の一二月、朝鮮楽劇団のマネージメントを行っていた佐藤邦夫に召集令状が送られてきた。佐藤の送別会が、当時の朝鮮における一流演劇場である東洋劇場《トンヤンケッチャン》を貸し切って行われた。男性歌手を代表して金貞九《キムヂョング》、女性歌手を代表して張世貞《チャンセヂョン》の送別の辞の後、金海松《キムメソル》指揮全員の合唱「海ゆかば」が歌われ、楽劇団全員のサインをした日の丸が贈呈された。

日本本土が米軍の空襲にさらされるようになると、朝鮮人の演芸に対する抑圧はより強まった。朝鮮語を使用した歌などが禁止されることも多くなり、一九四三年の朝鮮楽劇団の大阪公演では「全場国語（日本語）の演出で朝鮮情緒を盛り挙げる」とする珍妙な広告が行われることとなった。日本語で朝鮮情緒をどう盛り上げたのか、興味津々であるが、もはや戦争賛美、国威発揚が文化公演の全てにおいて貫かれるようになった。

もっとも、「一九四〇年代初めには朝鮮歌謡の夕だとか野談や踊りの催しという朝鮮文化の興行を行うこと自体少なくなった」（「故郷を思ふ」金史良著『知性』一九四一年五月）とされており、例えば、帝国日本の国策に則った朝鮮人が、軍用機献納という目的を掲げて「朝鮮舞踊大会」を開催しようとしても、行政当局はこれを中止させるという状況であった。

2　朝鮮楽劇団の最後

朝鮮楽劇団、解散

一九四四年、戦局が悪化する中、朝鮮楽劇団の中国公演が行われた。その最中、社長の李哲《イチョル》が病死する。

李哲の死により朝鮮楽劇団は解散となった。孫牧人《ソンモギン》は自身の「孫牧人楽団」を結成して、日本や中国で公演した。どこへ行っても「他郷暮らし」は凄まじい人気で、アンコールでは繰り返し一〇回演奏したこともあった。

朝鮮楽劇団が解散した一九四四年、朝鮮に進出していた日本資本のレコード会社が相次いで撤退した。日本だけでなく朝鮮においても音楽を聴くという日常は失われ、軍歌が巷に鳴り響く世情となった。ここにおいて、朝鮮の民族文化を披露する活動は全く不可能となり、文化は戦争賛美、国威発揚一色となった。

そうであっても、敗戦の時は刻一刻と近づき、朝鮮における民族文化の復活・再生は、一九四五年八月一五日の植民地支配からの解放により、その時代を迎えることになる。

朝鮮の植民地支配が終わりを告げると、孫牧人は韓国だけでなく日本やアメリカで活動するようになる。彼の長男が音楽プロモーターとなった縁で、アメリカ人歌手の韓国公演のコーディネートをバックアップする仕事等を手掛けた。一時、「カスバの女」の印税で原宿にマンションを持っていたが、それを人に譲るとすぐアメリカへ居を移すという忙しさであった。

一九八七年、孫牧人は韓国の全国公演団体協会と元老演芸人賞禄会が共同制定した「第一回元老演芸人功労賞労牌」を受賞した。その場で孫牧人は「韓国の歌の源は、民族の恨《ハン》である」と述べた。「恨」とは、朝鮮半島に住む人々の根底に流れる、自らの境遇に自身の思いを重ね合わせる営みを象徴するものであり、孫は「韓国の歌は日本の演歌よりもずっと深く、人の心に強く訴えるものがある。だからこそ、韓国人だけでなく、日本人の心の琴線にも触れるのでしょう」と語った。

張世貞は解放後、カリフォルニアに住んでいたが、病気がちで歌手活動もままならなかったという。

朴是春は、代表作の一つで南仁樹がヒットさせた「新羅夜曲《シルラヤグ》」のレコードを、戦後日本で活躍していた在日コリアンの歌手、小畑実（康永喆《カンヨンチョル》）に提供した。小畑はこれに日本語歌詞をつけてビクターから出すと意気込んでいたが、一九七九年、千葉県のゴルフ場で心不全により急逝した。小畑実の「新羅夜曲」の発表は、実現せぬままに終わった。
このように戦後をそれぞれ生きた面々であったが、朝鮮楽劇団の団員で最も波乱に満ちた生涯を過ごしたのは、「木浦《モッポ》の涙」をヒットさせた李蘭影《イナヨン》であった。

「木浦の涙」、その後

一九三〇年代の韓国を代表する歌手であった李蘭影は、「木浦の涙」ヒット以降は忘れられた存在となり、引退同然の境遇にあった。それが一九四五年、朝鮮が解放されると、夫の金海松が作った独特のミュージカルショウ、ＫＰＫ楽劇団のプリマドンナとして歌い、踊り、芝居した。

それは音楽を楽しむというよりは、実際のところ、生活の糧を得るための復活であった。客は駐留米軍の兵士がほとんどで、演し物は朝鮮楽劇団の頃に演じていた朝鮮風から、ガラリとモダンな洋風に様変わりした。

李蘭影は音楽大学はおろか小学校しか出ていないはずなのに、フォスターの歌曲を米国人が舌を巻く英語で歌い、カルメンを見事に踊りこなした。貧しい境遇から、歌うことだけで朝鮮楽劇団において栄光をつかんだように、天賦の才能が李蘭影には備わっていた。

しかし、そうした李蘭影の復活劇も、朝鮮戦争で雲散してしまう。夫の金海松は捕らえられ北朝鮮へ連れていかれた。

残った楽団員を養っていくため、李蘭影自ら楽団を切り盛りし、ステージに立ち続けた。家には七人の子供が腹をすかして待ちわびており、李蘭影は子供のために懸命に歌い踊った。そして自分がそうであったように、三人の娘を歌手へと育て上げた。

李蘭影の懸命な努力で、金海松亡き後も、KPKのステージはいつも満席であった。朝鮮戦争後、李蘭影一家はアメリカへ渡り、娘二人に兄である李鳳竜《イボンニョン》の娘を加えて「キム・シスターズ」を結成、これがアメリカで大当りすることになった。

李蘭影はキム・シスターズの日本公演を熱望し、それは赤坂のナイトクラブで実現することになったが、当の李蘭影は日本行き旅券の発給が難しかったらしく、来日は叶わなかった。李蘭影の息子たちも、キム・シスターズに対抗して、「キム・ボーイズ」を結成し、アメリカで活動することになる。

李蘭影はアメリカから韓国へと帰国し、南仁樹と再婚したが、一九六五年四月一一日、波乱に満ちた四八年の生涯をソウルで閉じた。その後、キム・シスターズは数回ソウルを訪問し、母親の墓に参り、追悼公演を行った。

李蘭影の最初の夫、金海松は、朝鮮戦争の時に北朝鮮へ拉致されたまま行方不明になった。そのため金海松の名は、韓国の芸能界では忘れられた存在となった。

李蘭影の二番目の夫、南仁樹も朝鮮楽劇団のスターの一人だった。女性に人気があったが、胸を悪くし、李蘭影に先立って一九六二年に死去した。葬儀は演芸葬で執り行われたが、その時の葬送曲が「哀愁の小夜曲」であった。

李蘭影の故郷、港に連なる木浦の市街が一望に見渡せるユダル山の山頂に、「木浦の涙」の碑がある。碑文には、「生きている真珠は涙です」と記されている。

生きている限り、歌を歌い、踊り続けた李蘭影。その歌と踊りに込められた彼女の奥底は、溢れんばかりの涙で埋め尽くされていた。その涙が悲しみの涙なのか、それとも喜びの涙であったのか——朝鮮楽劇団で過ごした李蘭影をはじめとするアーティストの青春の日々が、その答えである。

今も涙にぬれている豆満江

「涙にぬれた豆満江」を歌った金貞九は、一九八〇年、大衆歌手として初めて韓国で文化勲章を受賞し、国民的歌手の称賛を受けた。

一九八〇年代半ば、ソ連にゴルバチョフ政権が誕生すると、米ソ首脳が会談し、東西冷戦の雪解けを迎えるようになった。朝鮮半島でも緊張緩和の波が押し寄せ、一九八五年九月、朝鮮戦争で生き別れとなった南北の離散家族がソウルと平壌《ピョンヤン》をそれぞれ訪問し、四〇年ぶりに再会することとなった。

離散家族の南北同時訪問事業と相まって、南北の芸術家の相互交流事業が行われた。一九八五年九月二一日、南北芸術団平壌公演の際、金貞九は平壌大劇場の舞台で「涙にぬれた豆満江」を歌い、北朝鮮側の客席が涙の海と化した。金貞九の歌には、南北の対立や葛藤を融和させる力があった。「涙にぬれた豆満江」の亡国の思いは、南北分断の時代にも持ち越されていた。だからこそこの歌を聴くと、南北の差なく、人は涙するのであった。

一九九三年、金貞九は予供たちが住むアメリカに移住し、そこで闘病生活を続けた。

「統一が成し遂げられれば、骨だけでも故郷（今の北朝鮮にある咸鏡南《ハムギョンナム》道《ド》・元山《ウォンサン》）に埋めてくれ。思い出と哀歓を湛える豆満江の青い波が見えるように、川辺に小さな碑石を建ててくれ」という遺言を残し、一九九八年九月二五日、カリフォルニア州で客死した。

金貞九の遺言どおり、「涙にぬれた豆満江」の歌碑が豆満江の川辺に建てられた。しかし、彼の骨は、故郷に埋められることはなかった。

その涙が渇いて、歓喜の歌が歌われるのは、いつのことであろうか。

朝鮮半島の分断が解消する日は、まだ遠い先のように思われる。

第7章　韓流エンターテイメントの血脈

1　戦後復興の礎とコリアンの活躍

日本における韓流エンターテナーの足跡

「紅白歌合戦は、在日コリアンの歌手がいなくては成り立たない」

以前、紅白歌合戦に出場したある在日コリアンの歌手がそう語った。確かに、数十年前の紅白出場歌手をみれば、自ら公表してはいないものの、朝鮮半島をルーツに持つ歌手が多数を占めていた。

戦後、在日コリアンをめぐる社会状況は厳しく、定職に就くことは困難を極めた。それゆえ、芸能界やスポーツ界で富と名声を得ることで自らの境遇を変えようと、多くの在日コリアンが芸や技を一心不乱に磨き上げた。そうした人一倍のたゆまぬ努力が実を結び、在日コリアンが日本で成功するという、ジャパン・ドリームが実現した。

だが、在日コリアンの芸能人やスポーツ選手が陽の当たる場所で輝きを見せれば見せるほど、かえって在日の境遇は日陰のまま取り残される状況が続いた。表舞台で成功したとしても、それはあくまで「日本人」の仮面を被った通称名・芸名を使用しての自分であって、コリアンという出自は、絶対に秘匿せねばならない宿命にあった。この日本の社会で「在日」であると認知されたなら、人気や売上げ、出場回数に影響する差別が待ち受けており、その状況は過去、現在を問わず変わりはない。

それでも、あえてコリアンであるという出自をカミングアウトする芸能人やスポーツ選手が、近年出始めた。そうした時代の変化は、多分に二〇〇〇年代初頭の「韓流ブーム」が契機になったと思われる。韓国の歌やドラマが日本に輸入され、幅広い支持を得ることで、日本の韓国に対する視点も従来とは異なったものとなった。

韓流ブームという追い風を受け、在日コリアンも自らの出自を隠す慣習から解放され、今では逆に「コリアン」であることを売りにできる時代となった。しかし、これは決して単なるブームに乗った幸運ではない。戦後、多くのコリアンたちが地道に自身の芸と技を修練してきた土壌があり、その上に花開いたと言える。思えば、それは長い道のりであった。

コリアン・アーティストのルーツとなった朝鮮楽劇団

日本の敗戦直後、空襲によって焦土と化した都市部において、打ちひしがれた人々の数少ない娯楽が映画と演劇であった。神戸では焼け残った劇場で、様々な歌劇や踊りのステージが披露されたのであるが、その中に多くのコリアン・アーティストがいた。彼らは絶妙な歌や踊りで観客を勇気づけ、復興への希望を人々に抱かせた。

人は確かに空腹では生きていけぬ。食べていけることは、生命の営みに不可欠な要素である。しかし、ただそれだけでは生きている価値は見い出せないであろう。笑いや喜びが明日への活力となり、人は前向きに生きていける。それが焼け野原となった、日本の戦後を再生する精神的な支柱となったのである。

戦後の日本人に希望を抱かせた存在、それはコリアンを抜きにしては語れない。プロレス界のスーパースター、力道山は言うに及ばず、多くのコリアンが様々なジャンルの舞台上で演じた姿に、この国の人々は熱狂し、喝采を送ったのである。それは戦後、ある日突然に生み出されたものではない。

コリアンの芸のルーツ、その一つに朝鮮楽劇団は欠かすことが出来ない。朝鮮楽劇団の伝説が、戦後芸能の礎となり、華やかなショウ・ステージが人々の喝采につながった。
それはすなわち、朝鮮楽劇団を発掘し、日本でデビューさせた吉本興業の功績でもあり、敗戦という絶望から、人々を笑いと喜びで救い出した源ともいえた。

2　南北分断とコリアン文化

政治に従属する文化

日本においてショウ・ビジネスやお笑い興行は、戦前・戦後を通じて廃れることなく庶民の文化として根付いてきたが、朝鮮半島はそういう状況になかった。植民地支配の時期は日本文化の下位に位置づけられ、解放後においても南北分断と同族相争う朝鮮戦争で、「文化」は権力に奉仕する「手段」として活用された。

韓国であれ、北朝鮮であれ、自由な文化的表現は許されることなく、国家権力による統制を受け続けてきた。朝鮮半島にとって文化とは、自由な発想で自らの思いを表現するのではなく、独裁者を崇拝し賛美し、敵対国を排撃するツールとしてのみ活用されてきた。

こうした分断から生み出される歪な文化政策によって、朝鮮楽劇団で活躍したアーティストは、海外で活路を見い出すか、独裁者を褒め称える歌や踊りを披露するか、それともアーティストとしての自己を封印するかの選択を余儀なくされた。

もちろん戦争中も、日本軍の統制により、コリアン・アーティストたちは戦争を賛美したり、天皇を崇拝することを余儀なくされた。それでも彼らにとっては、日本が敗戦することにより祖国は独立し、以前のように思いっきり芸に生きることが出来るという未来への希望があった。

しかし、朝鮮半島ではいつ終わることのない分断の時代が続いており、朝鮮半島でかつてのように、アーティストが華やかで自由に芸を演じることはかなわぬ夢となってしまった。それゆえ、コリアンの芸が連綿と続けられる環境は、日本という選択肢しかなかった。それも、コリアンに対する差別という制約の中、「日本人」という仮面を着けた姿であったが。

文化は政治を越えて

二〇一八年現在、K－POPの歌手がテレビの地上波で出演する機会はほとんどない。それにもかかわらず、韓国を基盤にするアイドルグループ「TWICE」が二〇一七年の紅白歌合戦への出場歌手に選ばれた。

日本で韓流ブームが巻き起こったのは二〇〇〇年代前半。当時は「ヨン様」こと俳優のペ・ヨンジュンが人気で、支持層は年配の女性が中心であった。その後何度かブームが訪れ、表面上は衰退したようにもみえるが、実際は、芸能文化として定着したと見るほうが妥当であろう。

今では、一〇代、特に女子高生が韓国発信の文化に熱中しており、それはK－POPにとどまらず、ファッションやグルメ等、文化全般にわたっている。東京・大久保や大阪・生野のコリアン・タウンでは、休日ともなれば多くの少女がお目当てのアーティストのグッズやコスメを求めて列をなしている。一般の知名度は高くなくても、来日公演ではドームツアーをこなす韓流アーティストも少なくない。

その一方で、日本と韓国の政治の世界では、元日本軍慰安婦問題をめぐっての対立が続いており、それが雪解けとなる兆しはいっこうに見えてこない。

政治の思惑を超えて、日本と韓国の交流は進んでおり、純粋に文化に接するという健全な市民レベルのつながりが形成されていることは喜ばしい限りである。

隣国同士、国境の帰属に関する問題や戦前の植民地支配等の両国の課題が一挙に解決することは困難である。しかし、隣国の人と人とが文化を通じて関係を保つことは、お互いを理解する上で、欠かすことのできない架け橋であることは間違いない。

かつてこの国で、異国の楽団が舞台で公演を行い、一世を風靡した。それを見出したのは、お笑い界の革命児、吉本興業であった。辛い時、悲しい時こそ、笑いを楽しめる文化が希望となり、戦争の影がしのびよる暗い時代も、明日を生きる力の源泉となった。

朝鮮楽劇団の在りし日の姿と、彼らの歌から、踊りから、「わろてんか」「楽しんでまっか」、そんな掛け声が聞こえてくるようである。

終幕

日中戦争の最中、吉本興業の芸人たちは戦地に赴き、漫才や落語を披露した。「わらわし隊」である。

戦争という、生きるか死ぬかという極限の状況下でも、兵士は笑いを求めていた。

朝鮮戦争においては、女優のマリリン・モンローが慰問公演を行い、アメリカ軍兵士から喝采を浴びた。砲弾が飛び交い、爆撃にさらされるという騒然とした状況の中でも、兵士は歌や踊りを渇望した。

音楽や笑いは、平時であれ、戦時であれ、人を魅了する魔法の力があるようだ。むしろ、音楽や笑いは人を非日常の世界に誘う麻薬の効果があり、人はその習慣性から抜け出せなくなるのかもしれない。

流行り廃りはあるにせよ、歌や笑いは時代の経過とともに、営々と積み重ねられてきた。人類が創生して以来、人は歌や笑い、踊りで文化を創り上げてきた。その姿は人間が生存する限り、未来永劫続けられるであろう。

新しい文化の時代が到来する。それを示唆するのが、韓流エンターテイメントである。二〇〇〇年代初頭のドラマ「冬のソナタ」が口火を切った韓流ブームは現在、表面上は退潮したように見える。

しかし、韓国人歌手や俳優のパフォーマンスには、日本人が今まで触れたことのない、日本のエンターテイメントでは味わうことのできない芸術的エッセンスが確かに存在し、それによってブームが去った今も、水面下でファンの支持を受け続けている。

二〇一八年現在、日韓の政治的関係はいまだ修復していないが、二〇一七年末の紅白歌合戦には、六年ぶりとなる韓国出身アーティストが出演を果たした。もはや、政治の思惑を超えて、韓流アーティストは日本の音楽市場に食い込み、その卓越したコンテンツに音楽関係者も無視を決め込むことは不可能となった。

こうした韓国人アーティストの快進撃は、今に始まったことではない。朝鮮楽劇団や裵《ペ》亀子《クヂャ》ら、有能なアーティストが戦前から日本で活躍し、人気を博した。そのエンターテイメントが時代を超えて、今この現在において花開いたと言える。

幾度の危機を乗り越え、韓流エンターテイメントは日本の地に根付いてきた。植民地支配があり、戦争があり、そして朝鮮半島の南北分断が、韓流アーティストを試練へと追いやった。しかし、その試練があったからこそ、困難を乗り越えて、彼らは文化に磨きを掛け続けた。

国家が滅びても、その民族の文化は滅びることはない。むしろ、国家を変革する力が文化には備わっている。韓流アーティストの戦前・戦後の活躍を見るにつけ、筆者はそれを確信するのである。

文化は人に観られ、評価されることで成長し、文化の波は民族や国境を超える。その点からいって、朝鮮楽劇団や裵亀子らを見出し、世に送り出した吉本興業の先見性、プロデューサーとしての先駆性は目を見張るものがあった。韓流エンターテイメントが「売れる」「ウケる」と判断したからこそ、植民地時代の民族差別の厳しい中でも、韓流アーティストは「民族」を堂々と披露することが出来たのである。

日本において韓流文化が、洋楽・洋画のように、何の分け隔てなく受け入れられる時代が必ずや到来する。その時にこそ、日本と韓国が植民地時代を乗り越えて、対等に接することが出来ると思う。そんな時代は遠くない。今その一歩を踏み出したと感じる。

――レディース・アンド・ジェントルメン、ショウの始まりです。

本書の執筆には、筆者の兄である高龍弘《コヨンホン》氏の先行研究を参考にした。兄には、いつもながら感謝の言葉が見つからないほど感謝している。また、コリアアーツセンターの李喆雨《イチョルウ》所長とむくげの会の山根俊郎さん、アジア映画社の兪澄子《ユチンジャ》さんからは貴重な助言を頂くことが出来た。紙面をお借りして、感謝の言葉を申し上げたい。刊行にあたっては、前著からお世話になっている図書出版花伝社の平田勝社長と担当の佐藤恭介氏からの御尽力を賜った。紙面をお借りして、感謝の意を表したい。

二〇一七年一二月

高祐二

参考文献

『吉本興業百五年史』吉本興業株式会社、二〇一七年
『韓国　歌の旅』安準模著、白帝社、二〇〇三年
『禁じられた歌』田月仙著、中公新書ラクレ、二〇〇八年
『日韓音楽ノート』姜信子著、岩波新書、一九九八年
『在日音楽の100年』宋安鐘著、青土社、二〇〇九年
『日本と朝鮮　比較・交流史入門』原尻英樹編著、明石書店、二〇一一年
「海峡を渡る鳥（1）〜（6）」佐藤邦夫著（『コリア評論』一九八一年四月〜一〇月）
「アリラン――それは精神文化のルーツ」李喆雨著（『月刊イオ』二〇一六年二月）
その他、「神戸新聞」「産経新聞」「朝日新聞」「民衆時報」「神戸又新日報」等を参考にした。

高祐二（コ・ウイ）

1966年生まれ。甲南大学経済学部卒。兵庫県在住。

兵庫朝鮮関係研究会会員、（一社）神戸コリア教育文化センター理事。

理学療法士、病院勤務。

著作に、『韓流ブームの源流』（社会評論社）『在日コリアンの戦後史』『大災害と在日コリアン』（明石書店）『われ、大統領を撃てり』（花伝社）。共著に、『兵庫のなかの朝鮮』『近代の朝鮮と兵庫』『在日韓国･朝鮮人の歴史と現在』（明石書店）『兵庫の大震災と在日韓国・朝鮮人』（社会評論社）がある。


吉本興業と韓流エンターテイメント――奇想天外、狂喜乱舞の戦前芸能絵巻

2018年2月20日　　初版第1刷発行

著者 ――高祐二
発行者 ―平田　勝
発行 ――花伝社
発売 ――共栄書房
〒101-0065　東京都千代田区西神田2-5-11出版輸送ビル2F
電話　03-3263-3813
FAX　03-3239-8272
E-mail　info@kadensha.net
URL　http://www.kadensha.net
振替 ――00140-6-59661
装幀 ――黒瀬章夫（ナカグログラフ）
印刷・製本― 中央精版印刷株式会社

ISBN978-4-7634-0845-7 C0022